PARA

DE

PERSIGUE LA DIVERSIÓN

PERSIGUE LA DIVERSIÓN

100 DÍAS PARA REDESCUBRIR LA ALEGRÍA AHÍ DONDE ESTÁS

ANNIE F. DOWNS

AUTORA DE ÉXITOS DE VENTAS DEL *NEW YORK TIMES*

WHITAKER HOUSE
Español

A menos que se indique lo contrario, las citas de la Escritura son tomadas de la Santa Biblia, Nueva Versión Internacional® NVI® © 1999, 2015, 2022 por Biblica, Inc.® Usado con permiso de Biblica, Inc.® Reservados todos los derechos en todo el mundo. Las citas de la Escritura marcadas (NTV) son tomadas de la *Santa Biblia Nueva Traducción Viviente*, © Tyndale House Foundation, 2010. Usadas con permiso de Todos los derechos reservados. Las citas de la Escritura marcadas (TLA) son tomadas de la Santa Biblia, Traducción en lenguaje actual Copyright © Sociedades Bíblicas Unidas, 2000. Used by permission.

PERSIGUE LA DIVERSIÓN
100 días para redescubrir la alegría ahí donde estás

Publicado originalmente en inglés en 2022 bajo el título
CHASE THE FUN
100 days to discover fun right where you are
por Revell, una división de Baker Publishing Group,
Grand Rapids, Michigan, U.S.A.

Traducción al español por
Belmonte Traductores
www.belmontetraductores.com

Edición: Henry Tejada Portales

ISBN: 979-8-88769-485-6 | eBook ISBN: 979-8-88769-486-3
Impreso en los Estados Unidos de América

Whitaker House | 1030 Hunt Valley Circle | New Kensington, PA 15068
www.espanolwh.com

Por favor, envíe sugerencias sobre este libro a: comentarios@whitakerhouse.com.

1 2 3 4 5 6 7 8 9 10 11 WJ 32 31 30 29 28 27 26 25

A EMILY P. FREEMAN

por todas las maneras en que tu amistad constante y leal
me invita a regresar a mí misma.
Gracias por enseñarme cómo perseguir la diversión.

(Y a Shannan y Amber:
que siempre nos apoyemos mutuamente)

A lo largo de este devocional
verás preguntas sobre la diversión
que mis amigos me han hecho
en redes sociales, vía correo electrónico,
y en eventos por todo el país.
Las incluimos aquí para
recordarte que no estás solo
en lo que te preguntas.

ÍNDICE

¿Por dónde comienzo?
Ashlie

¿Cómo encuentro el tiempo?
Jana

¿Cómo apago la parte de mi cerebro que dice que productividad no es diversión?
Emily

¿Cómo encuentro la energía para la diversión?
Denise

¿Cómo priorizo la diversión?
Amigo anónimo

¿Dónde puedes comenzar a imaginar lo que podría ser divertido para ti?
Amigo anónimo

¿Cómo descubro nuevos pasatiempos sin gastar mucho dinero o derrochar?
Erin

He probado y dejado muchos pasatiempos. ¿Cómo cambio la narrativa de fracaso y encuentro una que me guste?
Amigo anónimo

COMIENZA AQUÍ

DÍA 1

PERSIGUE LA DIVERSIÓN

Y corramos con perseverancia la carrera que tenemos por delante.
Hebreos 12:1

Hace unos años atrás estaba enviándome mensajes de texto con mi amiga Emily P. Freeman, otra autora, *podcaster* (y una de mis directoras espirituales favoritas), y estábamos conversando sobre nuestro trabajo. Emily se especializa en ayudar a las personas a tomar decisiones. "¿Cuál es el siguiente paso correcto?". Esa es la pregunta que les plantea a sus lectores y seguidores (como yo) cada semana a través de su podcast y en su libro.

No recuerdo la conversación con tanta claridad como Emily, pero hablamos sobre lo que queríamos hacer después. Qué tipo de trabajo, qué tipo de proyectos creativos, cómo queríamos pasar nuestro tiempo. Y, según cuenta Emily, mientras hablábamos sobre qué hacer a continuación, yo le dije: "Pues... ¡solo persigue la diversión!".

Persigue la diversión.

Es algo que hacíamos cuando éramos niños. Era nuestro primer instinto: perseguir la diversión. Era nuestra principal prioridad, nuestro mayor objetivo, el motivador más importante. Pero ya no es así, ¿cierto? Ser adulto, ya tengas veinte, cuarenta, sesenta u ochenta y cinco años, es diferente a cuando eras niño. Solíamos jugar, solíamos correr y saltar, bailar, deslizarnos por el suelo y arañar nuestras rodillas. Solíamos perseguir la diversión.

Aunque hay partes de la niñez que es mejor dejarlas en esa época (como las rodillas arañadas, muchas gracias), hay algo importante que perdimos cuando dejamos de perseguir la diversión. No significa que cada día sea una fiesta, y tampoco significa que huyamos de nuestras responsabilidades. Sin embargo, me pregunto si elegiste este libro porque tienes la sensación de que falta algo en tu vida y estás intentando volver a encontrarlo. Por lo tanto, ¿cómo se vería para ti prestar un poco más de atención a la vida que ya tienes y al mundo en que ya vives, y perseguir un poco la diversión que está delante de ti?

PERSIGUE LA DIVERSIÓN

¿Cuál era una de tus cosas favoritas que te gustaba hacer de niño?

DÍA 2

¿REALMENTE IMPORTA LA DIVERSIÓN?

Nadie se ve estúpido cuando se está divirtiendo.
Amy Poehler

Esta pregunta surge en muchas ocasiones en las conversaciones a mi alrededor: *¿Realmente importa la diversión?* No se plantea tan directamente la mayoría de las veces, sino que aparece de maneras que rodean y esquivan el tema. En nuestras vidas hoy en día, con las agendas que manejamos y los calendarios que llenamos, solo tenemos espacio para lo que REALMENTE importa. Yo no tengo tiempo en mi vida (y apuesto a que tú tampoco) para cosas que no tengan al menos cierto nivel de propósito. Y no estoy segura de que debamos tenerlo. Creo que Dios nos creó a cada uno con un propósito, y nuestros días no están hechos para ser desperdiciados.

Por lo tanto, cuando se trata de cómo llenamos nuestros calendarios y nuestras vidas, insistimos (y con razón) en llenarlas con lo que realmente importa. Desgraciadamente, la diversión suele caer en la categoría de cosas que se colocan en los huecos cuando todas las cosas importante ha sido priorizadas y programadas.

Creo que hacemos espacio para todo lo que nos hace sentir sanos. Para ti, eso podría ser una visita al supermercado o una caminata por tu vecindario, una cita con un consejero o una noche con tu grupo pequeño de la iglesia. Las cosas que te moldean para convertirte en quien quieres ser, son las cosas que ocupan un lugar en tu calendario. Eso es cierto para mí también.

Una verdad que sigo experimentando es que soy mi versión más saludable cuando las actividades y oportunidades que priorizo en mi calendario incluyen cosas que, para mí, son divertidas. La diversión no es frívola ni innecesaria; no es un desperdicio ni algo inútil. Lo que la diversión desbloquea en tu corazón, tu mente y tu alma, ya sea un día completo de diversión o solo media hora, es increíblemente importante (por eso necesitamos pasatiempos... ¡quédate por aquí y te ayudaré a encontrar uno o dos!). La diversión importa porque es una pieza del rompecabezas en el panorama más amplio que nos está convirtiendo a cada uno en la versión más saludable de nosotros mismos.

PERSIGUE LA DIVERSIÓN

¿Qué otras cosas (además de la diversión) priorizas en tu calendario para vivir una vida sana?

DÍA 3

¿ES LA DIVERSIÓN UNA COSA ESPIRITUAL?

Al ordenarnos que lo glorifiquemos,
Dios nos invita a disfrutar de Él.
C. S. Lewis

¿Acaso no es espiritual todo lo que hacemos?

Ya sea picar una cebolla, manejar en el turno de la escuela, hacer una cirugía cerebral o jugar un partido de tenis, ¿no puede todo ser espiritual? Parece que tiene menos que ver con lo que hacemos y más con el por qué lo hacemos y lo que está ocurriendo en nuestra mente mientras lo hacemos. Todo es espiritual; todo se trata de algo más grande que lo que podemos ver con los ojos.

En su libro *Caminando sobre el agua,* Madeleine L'Engle escribe sobre cómo todo arte es sagrado porque siempre estamos convirtiendo el caos en cosmos cuando creamos. Descubro que eso es cierto en cada área de mi vida. Si he salido a correr y voy escuchando un pódcast que me enseña algo nuevo sobre Dios, y eso me lleva a reflexionar, cambiar, orar y maravillarme, esa carrera se ha vuelto espiritual. Si estoy preparando una sopa, picando, revolviendo y pensando en por qué es importante alimentar a las personas que amo, entonces ese acto de cocinar se ha vuelto espiritual. Si estoy sentada en una mesa con mis mejores amigas conversando sobre corazones rotos y alegrías profundas, nuestra conversación es sobre algo más que lo que nos está sucediendo.

Se trata de cómo Dios está obrando en nuestras vidas, y esa cena se ha vuelto espiritual.

Es lo mismo con la diversión. Ya sea que estés gritando montada en una montaña rusa o armando un rompecabezas con tu familia en la sala de tu casa, puede ser una actividad espiritual. Lo único necesario para que una actividad sea espiritual es si, mientras la llevas a cabo, le haces preguntas a tu corazón. Si batallas para armar un rompecabezas y te encuentras muy frustrado, pregúntate por qué y sigue por ese camino de preguntas. Si vas por la carretera escuchando tu música favorita con las ventanillas bajadas, pregúntate por qué se siente tan divertido y reconfortante. La respuesta será espiritual.

PERSIGUE LA DIVERSIÓN

Busca las maneras en que las partes ordinarias de tu día de hoy (desayuno, un paseo, una conversación con un amigo) pueden ser espirituales.

DÍA 4

¿POR QUÉ DEJÉ DE DIVERTIRME?

No dejamos de jugar porque seamos más viejos;
somos más viejos porque dejamos de jugar.
George Bernard Shaw

Esta es la pregunta que tenemos que responder; sin embargo, la primera pregunta que viene a mi mente es: "¿CUÁNDO dejé de divertirme?". Haz un repaso en tu mente del mismo modo que puedes desplazarte por las fotografías que tienes en tu teléfono, y piensa en cuándo te divertías regularmente.

¿Fue antes de que tus padres se divorciaran?

¿Fue antes del fallecimiento de tu abuelo o tu abuela?

¿Fue antes de esa experiencia traumática?

¿Fue antes de ese periodo estresante?

¿Fue antes de crecer y hacerte adulto?

Encontrar el CUÁNDO te ayudará a responder POR QUÉ. Y las dos preguntas son importantes. Conocer tu historia te ayuda a dar forma a tu presente y tu futuro. Si creemos que la diversión es importante y puede ser espiritual, necesitamos volver a encontrarla. Y para encontrar el corazón que había detrás de la diversión, debemos regresar y averiguar dónde la dejamos. No es que podamos recogerla donde la dejamos; tristemente, eso no es una opción; sin embargo, ver ese lugar, ver el momento, reconocer el dolor, el estrés, la tristeza o la preocupación que se produjeron entonces, es lo que en realidad nos ayuda a avanzar en la diversión y, sinceramente, en la vida.

¿Por qué dejaste de divertirte? Puede que haya muchos motivos. Y para muchos de nosotros no fue un alto total. Más bien, en lugar de priorizar, pensar y elegir la diversión, simplemente la hemos dejado como un sobrante en nuestras vidas que no tomamos en cuenta. Pero para otros, si alguien nos pregunta qué nos parece divertido, no tenemos una respuesta. No recordamos la última vez que nos divertimos, y no sabemos cómo volver a hacerlo.

Pero sí te divertías cuando eras niño. Piensa por un momento... ¿qué hacías? ¿Con quién estabas? ¿Qué te encantaba? ¿Qué te hacía reír? ¿Qué era divertido para ti?

PERSIGUE LA DIVERSIÓN

Piensa y plantea esta pregunta: ¿Cuándo dejé de divertirme? Pasa un tiempo hoy escribiendo en un diario acerca del recuerdo o las historias que lleguen a tu mente.

DÍA 5

EL DESCANSO ABRE EL CAMINO PARA LA DIVERSIÓN

Ustedes se salvarán solo si regresan a mí y descansan en mí. En la tranquilidad y en la confianza está su fortaleza.
Isaías 30:15 NTV

El problema es que estamos cansados. Todos lo estamos. Es así porque vivimos en un mundo que no tiene botón de *apagado*. Puedes revisar tus redes sociales a cualquier hora del día, puedes responder correos o mensajes de texto durante la noche, en muchas ciudades hay tiendas abiertas las veinticuatro horas y puedes comprar los siete días de la semana. Por lo tanto, aunque tal vez estés durmiendo en la noche (o tal vez no), mientras te estás quedando dormido y en cuanto te despiertas, lo sabes.

Sabes que podrías estar trabajando. Sabes que podrías estar viendo algo. Sabes que podrías estar buscando, publicando, respondiendo o haciendo *scroll* en tu teléfono.

Cuanto más hablo con amigos sobre la diversión, más cuenta me doy de que todos necesitamos descanso. Todos necesitamos una separación de esa cultura de estar disponibles a todas horas. Todos necesitamos un respiro. Y aunque queremos priorizar la diversión, se siente especialmente difícil cuando estamos cansados.

Por lo tanto, el descanso es imprescindible. No hablo *solo* del descanso que implica dormir, aunque *también* me refiero a eso. Tu profesional de la salud puede decirte cuántas horas necesitas para tu cuerpo, pero dormir lo suficiente es importante. Nuestros cuerpos están hechos para sanar, descansar y desacelerar durante horas cada día. Y es increíblemente difícil escoger la diversión cuando desearías estar durmiendo.

Ciertamente hay etapas en las que tu sueño cambia, se interrumpe, o es menor de lo habitual, pero uno de los temas constantes en nuestras vidas debería ser cómo y cuándo descansamos, cómo priorizamos eso en nuestro día a día para que la diversión también tenga espacio para crecer.

Sé que estás cansado. Yo también lo estoy. Así que esta semana, mientras buscamos diversión en nuestras vidas y en nuestros calendarios, hagamos también espacio para el descanso. Cuando priorizamos el descanso, la diversión tiene mucho más espacio para florecer. Hazlo práctico, ponlo en tu calendario e invita al descanso, ya sea una siesta, una caminata de treinta minutos, un día libre, o una hora extra de sueño. Sea como sea que se vea el descanso para ti, encuéntralo. Persíguelo. La diversión vendrá justo detrás.

PERSIGUE LA DIVERSIÓN

Programa algún descanso durante lo que queda de esta semana. ¡Inclúyelo en tu calendario!

DÍA 6

¿CÓMO PRIORIZO LA DIVERSIÓN?

No te dejes engañar por el calendario.
Hay solamente tantos días en el año como utilices.
Charles Richards

Yo uso un planificador en papel y un calendario en el internet. Mantenerme organizada requiere muchos recursos. Escribo TODO porque mi cerebro retiene aproximadamente ninguna de las fechas y horas. Todo lo que más me importa lo pongo en el calendario.

Tal vez tú no seas del tipo que anota todo o lo agrega al calendario del teléfono o la computadora, pero sí colocas lo que más importa en el calendario de tu vida.

A mitad del día, casi todos los días, almuerzas.

Tengo una amiga que sale a correr casi todos los días alrededor de las 4:30 de la tarde.

Cada comida, fiesta y llamada telefónica se refleja en mi calendario, escrito a mano por mí.

Cada noche, en algún momento, te acuestas a dormir.

Sé cuáles son las cosas que me resulta fácil incluir cada día, como el desayuno, el almuerzo, la cena y el sueño. También sé cuáles requieren que sea más intencional, como el ejercicio y el tiempo con amigos.

Mostramos lo que priorizamos según a qué le damos espacio, qué ponemos realmente en nuestro calendario, en nuestra semana, en nuestros planes. Así que tal vez ya sea hora de comenzar a incluir la diversión en tu calendario.

Sé que puede sonar como una idea loca, pero tal vez esta semana incluye solo treinta minutos en tu calendario para el sábado y márcalos como DIVERSIÓN. Y entonces comienza a preguntarte: "¿Qué suena divertido para mí?". ¿Qué sería divertido en esos treinta minutos? ¿A quién te gustaría incluir? ¿Qué actividad podría ser la más divertida en ese pequeño espacio de tiempo? ¿Qué es algo que nunca has probado y que suena realmente divertido? ¿Qué es algo que siempre te ha encantado, pero para lo que no has sacado tiempo últimamente?

Los días previos a ese bloque de treinta minutos en tu calendario te darán tiempo para imaginar, conversar con tu gente, y reunir los materiales que puedas necesitar (¡después de todo, solo son treinta minutos! En ese tiempo puedes ver un episodio de una serie). Cuando llegue el sábado, ya tienes un plan. Y para el domingo estarás pensando en qué salió bien, qué se podría mejorar, y cómo vas a ajustar tu diversión para la próxima vez. Ponlo en tu calendario, ¡y observa cómo eso comienza a priorizar y transformar tu manera de divertirte!

PERSIGUE LA DIVERSIÓN

¿Cuándo puedes añadir treinta minutos de diversión a tu vida esta semana? ¡Inclúyelo en tu calendario hoy!

DÍA 7

LO QUE NECESITAS PARA DIVERTIRTE

Sueña y concédete permiso a ti mismo para
imaginar la persona que escoges ser.
Joy Page

Yo soy de las que hacen listas y llevan un calendario. La organización me parece divertida (y necesaria). Y es momento de hacer un plan real para que comiences a perseguir la diversión en tu propia vida. Por lo tanto hoy, mientras profundizamos en el poder de la diversión y cómo encontrarla, necesitamos hacer una lista de lo que necesitas para poder divertirte.

1. Permiso para no ser excelente.

Te doy permiso total para intentar algo nuevo, para ser principiante, para elegir una actividad que no sabes hacer y animarte a probarla. Ahora eres muy bueno en algo porque lo has hecho muchas veces, ¿cierto? Sin embargo, alguna vez fuiste nuevo en eso. Hay muchísima presión en nuestras vidas para ser buenos en todo, pero créeme cuando te digo que está bien ser nuevo en algo, no ser excelente, estar probando y equivocarte. Será mucho más divertido si te das la oportunidad de probar cosas nuevas y permitirte no ser el mejor.

2. Permiso para enamorarte.

Ya sea de un nuevo restaurante en tu barrio o de una receta antigua del recetario familiar, enamórate de eso. Tal vez conociste a un nuevo amigo, adoptaste una mascota, o encontraste una nueva ruta hasta tu casa. Enamórate de eso. No sientas la presión cultural de aparentar indiferencia, de minimizar tus emociones o contenerte cuando algo te da alegría. Abre tu corazón y deja que te encante.

3. Permiso para tener un pasatiempo nuevo.

¿Qué es un pasatiempo? Más adelante vamos a profundizar en eso, pero por ahora lo más importante es que te doy permiso total para hacer espacio en tu vida para un pasatiempo. Tal vez hace años que no tienes uno. Tal vez lo convertiste en un trabajo de medio tiempo, una fuente de ingreso, o incluso en tu carrera profesional. Quizá nunca has tenido un pasatiempo y te preguntas cómo se vería eso en tu vida. Comienza a hablar de ello con tus amigos y familiares: qué pasatiempos tienen, cuál creen que podrías disfrutar tú... y comienza a sentir ese permiso que tú mismo te das para que un pasatiempo forme parte de tu vida.

PERSIGUE LA DIVERSIÓN

¿Cuál de estas opciones te parece la más desafiante?

DÍA 8

¿Y SI NO PUEDO PERMITIRME LA DIVERSIÓN?

La riqueza es la habilidad para experimentar la vida plenamente.
Henry David Thoreau

Cuando pensamos en diversión, imaginamos un pase de temporada para un parque de diversiones, una comida que cuesta lo mismo que llenar el tanque de una camioneta, o un vuelo al otro lado del país o del mundo. Asociamos la diversión con algo grande y costoso. Y a veces lo es. Hay ocasiones en las que tengo que ahorrar durante semanas o meses para hacer eso que realmente quiero hacer. No hay nada divertido en endeudarse; la deuda te atrapa. Cuanto menos me endeudo y más rápido salgo de las deudas, más espacio tengo para la diversión; por lo tanto, al planear con anticipación también tengo que planear la diversión de una manera que no me atrape en una cárcel financiera.

Pero creo que una de las maneras en que perdemos oportunidades de divertirnos es al suponer cosas sobre la diversión que no son ciertas, como pensar que siempre tiene que ser grande y cara.

Uno de los mejores programas de televisión es uno de cocina donde los concursantes compiten usando ingredientes al azar. A mis hermanas y a mí nos encanta verlo, y hace algunos años decidimos recrear esa competencia en la casa de nuestros padres durante unas vacaciones. Cada una se encargó de una parte de la comida, y había ciertos ingredientes que debíamos usar, todos sacados de la despensa. No fue costoso, usamos lo que ya teníamos, y de todos modos íbamos a preparar la cena; simplemente decidimos hacerla DIVERTIDA.

La invitación a tener más diversión en tu vida es una invitación balanceada; algunas cosas que quieres hacer requerirán más dinero y tiempo, pero también hay cosas diarias, pasatiempos diarios, que son baratos o gratuitos. Caminar por un parque, añadir un ingrediente especial a una receta favorita, ayudar a un amigo en su jardín, manejar hasta una tienda de segunda mano que nunca has visitado con un billete de cinco dólares en el bolsillo, usar la biblioteca local, compartir juegos de mesa y rompecabezas con tus vecinos, escanear fotos antiguas para hacer álbumes, retomar un deporte que dejaste hace años. Estas son solo algunas ideas (y seguro tú puedes pensar en muchas más) de actividades y oportunidades que no cuestan mucho, mientras ahorras para aquellas que tienen un precio mayor.

PERSIGUE LA DIVERSIÓN

¿Cuál es tu actividad divertida favorita que no requiere mucho dinero? ¡Ponla en tu calendario para hacerla esta semana o la próxima!

DÍA 9

¿Y SI METO LA PATA?

El fracaso es simplemente la oportunidad de comenzar de nuevo,
esta vez de modo más inteligente.
Henry Ford

Hay algunos tipos de personalidad que batallan con la diversión porque les preocupa poder hacerlo mal (créeme, tengo los correos, los mensajes directos, y las conversaciones preocupadas con amigos en eventos en vivo que lo prueban). Algunos de ustedes simplemente están genuinamente preocupados de que no van a poder divertirse, porque en su mente hay una manera correcta y una manera incorrecta de hacerlo.

Lo que suele suceder cuando le pido a la gente que me diga qué les parece divertido, es que comienzan con algún tipo de disculpa o explicación. Antes ni siquiera de decirme qué les parece divertido, ya están preocupados de que yo vaya a juzgar su diversión; piensan que, como la autoproclamada y MUY altamente capacitada *Coach* de Diversión, voy a considerar que su idea de diversión no es suficiente.

Sin embargo, la verdad es la siguiente: si es divertido para ti, ES DIVERTIDO. Punto final. Verdad absoluta. Si es divertido para ti, es divertido.

Y aquí vienen los matices. Si es divertido para ti, es divertido, a menos que:

- tu diversión esclavice a otra persona;
- tu diversión sea a costa de otra persona;
- tu diversión no esté en consonancia con tu código moral o tus prácticas espirituales.

Pero noventa y nueve de cada cien veces, esa no es la razón por la que la gente teme que su diversión sea juzgada. Les preocupa (tal vez a TI te preocupa) que su diversión no sea lo suficientemente divertida o lo suficientemente genial, o que su manera de divertirse sea la equivocada.

Me pregunto quién te dijo que todos tenemos que aprobar tu vida antes de que puedas vivirla. Ojalá pudieras desaprender ese mensaje, pero así no funciona esto. En cambio, te ofrezco un mensaje más verdadero: tienes permiso para ser tú. Tienes permiso para amar lo que amas, para elegir los pasatiempos que te interesan, y para perseguir la diversión que tú quieres tener sin necesitar la aprobación de nadie más.

Las personas más seguras de sí mismas raras veces son quienes esperaríamos: no son necesariamente las más bellas, ni las más ricas, ni las que parecen tenerlo todo bajo control. Sinceramente, en mi experiencia, las personas más seguras son las que están cómodas en su propia piel y viven plenamente como Dios las creó para ser. Tú también puedes hacer eso. Porque la pregunta no es si vas a practicar bien o mal la diversión; creo que tu pregunta más profunda es si serás amado pase lo que pase. Y la respuesta es sí, sí lo serás.

PERSIGUE LA DIVERSIÓN

¿Por qué algunas veces sientes que tu diversión es juzgada por otros?

¿Cómo supero mi temor a hacer cosas nuevas?
Lynn

¿Cuál es la mejor manera de salir de tu diversión normal y probar algo nuevo?
Barbara

¿Cómo se puede comenzar de nuevo? Volver a comenzar es muy difícil.
Abby

¿Cómo se ve perseguir una relación como aficionado?
Emilee

¿Cómo puedes ser un aficionado y no ser "cancelado" por cometer errores?
Emily

¿Cómo nos divertimos en tiempos de transición?
Kristen

¿Cómo no sentirte abochornado cuando no eres bueno en tu pasatiempo?
Shannan

¿Cómo dejo de esforzarme por sobresalir en un pasatiempo? ¿Ideas sobre seguir siendo un aficionado?
Jenn

¿Cuándo sacaría tiempo para la diversión?
Heather

SÉ UN AFICIONADO

DÍA 10

ES MEJOR SER UN AFICIONADO

Nunca sabes lo que puedes hacer hasta que lo intentas, y muy pocos lo intentan a menos que tengan que hacerlo.
C. S. Lewis

Yo soy una profesional en una cosa: mi trabajo. Eso es. Esa es la única área de mi vida en la que realmente importa que sea una profesional. En todo lo demás (cada relación, cada actividad, todo) soy una aficionada. Y en realidad, es mejor así.

A menudo usamos la palabra "aficionado" para describir a alguien que comete un error o maneja algo de manera incorrecta. Como cuando tomo el metro en Nueva York y me voy en dirección equivocada, simplemente levanto mis cejas y digo: "Hora del aficionado, DEFINITIVAMENTE", porque ese es un error muy tonto. O cuando horneo un pastel y sale todo mal porque intento hacerlo sin lácteos y sin gluten, así que no es como una mezcla de caja que simplemente puedo vaciar en un bol con un huevo y un poco de aceite. Pero cuando el pastel termina pareciendo más una galleta o un pudín (al ciento por ciento por mi culpa y no por la receta), es un error de aficionada. Porque no sé lo que estoy haciendo.

Pero la definición real de *aficionado* es mucho mejor que eso.

Aficionado (sustantivo):

- Persona que participa en un estudio, deporte u otra actividad por placer en lugar de hacerlo por beneficio económico o razones profesionales.
- Deportista que nunca ha competido por dinero o premios monetarios.
- Persona sin experiencia o sin habilidades en una actividad determinada.
- Persona que admira algo; devota; fan.*

Hacer algo por placer y no por razones profesionales. Admirar algo y estar entregado a ello. Es como si hubiéramos tomado ESA única acepción de la palabra (alguien sin habilidades) y la hubiéramos convertido en el ÚNICO significado. Y, al hacer eso, le hemos dado una connotación negativa. Cuando escuchamos a alguien decir "aficionado", automáticamente suponemos que cometió un error. Olvidamos que tal vez solo estaba haciendo algo por diversión.

En realidad, es mejor ser un aficionado, permitirte hacer algunas cosas solo por diversión, solo por placer. Deja que sea algo a lo que estás entregado, sin necesidad de que genere dinero. Algo bueno crecerá dentro de ti cuando te conviertas de nuevo en un aficionado.

PERSIGUE LA DIVERSIÓN

¿En qué área de la vida eres un aficionado?

* Dictionary.com. (s. f.). *Amateur*. En *Dictionary.com*. Recuperado el 21 de mayo de 2020, de https://www.dictionary.com/browse/amateur

DÍA 11

PRUEBA ALGO NUEVO

El hombre no puede descubrir nuevos océanos a menos que tenga la valentía para perder de vista la costa.
André Gide

En algún lugar en medio de la nada, en Colorado, hay una tienda de recuerdos llena de camisetas, vasos tequileros, calcomanías e imanes. Y en medio de la tienda hay una escalera en espiral que sube varios pisos hasta un balcón desde el cual se pueden ver varios estados.

Le tengo miedo a las alturas. O sea, miedo total, constante. Así que subir por unas escaleras hacia un balcón que no se ve precisamente seguro no es mi primera opción. Pero soy una gran fan de probar cosas nuevas por si resultan divertidas. Una de las reglas de mi vida es no dejar que el miedo me impida hacer algo que podría ser divertido. Así que, mientras mi amiga y yo estábamos paradas al pie de las escaleras, habiendo ya pagado nuestros dos dólares para subir hasta arriba, me di a mí misma una charla de ánimo y comencé a subir.

Me temblaban las rodillas todo el camino. Me faltaba el aire. Estaba asustada. Pero sabía que tenía que ser seguro y que no estaba tan alto, así que como animadora de mí misma, solo tenía que ser más ruidosa que las voces del miedo en mi cabeza.

Llegué al último escalón, salí a la plataforma, y la vista era absolutamente increíble. Mi amiga y yo estábamos en la cima riéndonos, tomándonos un millón de *selfies*, y podíamos ver a lo lejos con una claridad y una belleza impresionantes. Fue muy divertido. Pero tuve que hacer algo que nunca antes había hecho para poder divertirme de una manera nueva.

Se necesita mucho valor para hacer algo nuevo. Todos nos hemos acomodado en la vida que llevamos, los pasatiempos que tenemos, los lugares que frecuentamos y las cosas que hacemos. Pero, por favor, hay algo realmente divertido en probar algo nuevo: una receta distinta, una nueva ruta a casa, un nuevo sendero para caminar, un nuevo rompecabezas, un nuevo libro, una experiencia diferente. Date la oportunidad de sentir ese momento en el que realmente no tienes idea de qué va a pasar después, ¡porque todo es nuevo! Es muy divertido probar algo nuevo.

PERSIGUE LA DIVERSIÓN

¿Qué cosa nueva vas a probar hoy?

DÍA 12

PRUEBA ALGO OTRA VEZ

Lo intentaste. Fallaste. No importa. Prueba otra vez.
Falla otra vez. Falla mejor.
Samuel Beckett

Cuando grabamos un episodio de nuestra serie *EnneaSummer* en mi podcast *Eso suena divertido,* el *coach* y experto en Eneagrama, Seth Abram, mencionó que cada número del Eneagrama tiene un tipo de ejercicio y una manera de alimentarse que le funciona mejor. Nunca lo había pensado, pero lo busqué en Google en cuanto terminamos la conversación.

Descubrí que los Eneatipo Siete necesitan jugar. Y eso me hizo clic de inmediato. Mi mente viajó a una época más joven de mi vida, una época en la que el balón de fútbol nunca estaba lejos de mis pies, cuando rodar sobre el pasto, deslizarme y perseguir a otros jugadores y al balón era lo más divertido que hacía.

No había jugado un partido desde la preparatoria. Dos décadas completas. Pero de pronto supe qué era lo que faltaba en mi vida de ejercicio: diversión tipo deporte. No estaba teniendo ese tipo de diversión que se siente hasta los huesos, conectada con mi historia. Y no había sentido ese nivel de alegría en el ejercicio desde el final de mi último año de preparatoria. Así que volví a jugar. Sudada, con la cara roja y lágrimas cayendo de mis ojos, lloré porque esa hora de fútbol fue MUY DIVERTIDA. Lloré porque al golpear el balón con el pie también conecté con algo más profundo: con la Annie de la secundaria, con esos juegos al aire libre, con el olor del pasto y el sonido de un zapato enviando el balón por el campo. Estaba de regreso ahí y estaba feliz.

Al final, todo se trata de conexión, ¿no? Con Dios, con los demás, con nosotros mismos; con el ayer y el hoy.

Mi primer día de regreso con un balón de fútbol no fue fácil. De hecho, me sentía un poco como pez fuera del agua. Había pasado mucho tiempo desde la última vez que pateé un balón, más allá de jugar en el jardín con los niños Barnes. He visto horas y horas de fútbol en televisión o desde un asiento en el estadio, pero el juego de pies es muy diferente cuando se trata de tus propios pies, y además, son los pies de una aficionada. Pero, incluso ese primer día, aunque estaba torpe y me sentía como nueva otra vez, me divertí muchísimo.

PERSIGUE LA DIVERSIÓN

¿Qué actividad podrías probar otra vez?
Anótala aquí, y después pasa a la acción.

DÍA 13

PRUEBA A PEDIR AYUDA

Pide ayuda. No porque seas débil,
sino porque quieres seguir siendo fuerte.
Les Brown

Una de mis amigas está tratando de enseñarles a sus dos hijas sobre la resiliencia y la perseverancia. Quiere inculcarles esa determinación que dice: "yo no me rindo", y que les será muy útil durante toda su vida. Así que adoptaron un mantra que dice más o menos así (imagina que su apellido es Smith... no lo es, pero imagina): "Los Smith no se rinden. Volvemos a intentarlo, probamos de otra manera y pedimos ayuda".

Me encanta que les recuerde que pedir ayuda es una buena opción. Sobre todo porque conozco a muchos adultos a los que eso les resulta muy difícil.

¿Por qué nos cuesta tanto pedir ayuda?

Como tu autoproclamada *Coach* de Diversión, quiero recordarte algo que todos parecemos olvidar con mucha facilidad: *todo el mundo* necesita un *coach* de vez en cuando. *Todos* necesitamos un maestro. *Todos* necesitamos una guía. ¡Especialmente cuando somos aficionados en algo! Cuando queremos aprender, crecer o mejorar en una habilidad o pasatiempo, necesitamos pedir ayuda a alguien que sepa lo que está haciendo.

Cuando yo jugaba fútbol en la secundaria, tenía una entrenadora increíble a la que admiraba muchísimo y que me enseñó todos los detalles del juego. Ya no me confunde qué significa estar en fuera de juego.

Cuando preparo una receta que nunca he intentado, puedes apostar a que sigo las instrucciones paso a paso de mi libro de cocina favorito.

Cuando quiero aprender nuevas técnicas de difuminado de sombras o de contorno e iluminación de maquillaje, ¡me voy directo a YouTube!

¿De dónde sacamos la idea, tan arraigada en nuestra mente (y en nuestro corazón), de que deberíamos saber hacer cosas nuevas y además ser buenos desde el principio? En algún punto, interiorizamos que pedir ayuda es señal de debilidad. Que es demasiado vulnerable necesitar que alguien nos muestre el camino. Que tenemos que salir adelante solos y ser increíbles sin entrenamiento ni práctica.

Es una presión que podemos soltar. Esa expectativa injusta e irreal ya no tiene lugar. No solo está bien pedir ayuda; es una excelente manera de aprender. Y, como beneficio adicional, le das a otra persona la oportunidad de compartir algo que ama y en lo que ha practicado, de mostrar sus fortalezas e invertirlas en ti. Pedir ayuda es un camino para crear grandes conexiones con otros y descubrir diversión en el proceso.

PERSIGUE LA DIVERSIÓN

Prueba pedir ayuda hoy. Cuanto más practiques, más natural se vuelve.

DÍA 14

SÉ UN AFICIONADO EN LA AMISTAD

La única manera de tener un amigo es serlo tú mismo.
Ralph Waldo Emerson

Es muy divertido hacer una nueva amistad. Conocer a alguien por primera vez y sentir esas chispas de conexión, esas que te hacen pensar que esta persona podría ser una gran compañía. ¡DILE SÍ A LAS NUEVAS AMISTADES!

Pero también sí a las viejas. Ben Rector tiene una canción estupenda sobre los amigos de toda la vida y cuán increíble es tener personas que te han conocido a través de muchas etapas. Estoy muy agradecida de tener algunos amigos de la infancia que todavía son una parte importante de mi vida hoy. Eso me permite un lugar seguro donde aterrizar, un lugar con personas que me han visto en distintos trabajos, etapas, sueños, rupturas, nuevos comienzos... y cortes de cabello. Han visto muchos cortes de cabello.

¿No necesitamos ambos tipos de amistad? Los amigos de siempre nos ayudan a mantenernos con los pies en la tierra y a recordar quiénes somos. Los nuevos amigos nos mantienen abiertos y nos ayudan a descubrir nuevas partes de nosotros mismos y del mundo que nos rodea. Pero con ambos podemos sentirnos como aficionados.

¿Alguna vez has dejado pasar demasiadas semanas o meses entre la última vez que hablaste con un viejo amigo y el momento en que piensas en volver a contactarlo? A mí me ha pasado. Es fácil dudar cuánto tiempo es demasiado tiempo. Queremos evitar la incomodidad de explicar, de sentir que estamos comenzando desde cero.

Y los "¿y si…?" de las nuevas amistades pueden ser paralizantes, ¿cierto? *¿Y si soy yo misma y deciden que no quieren volver a verme? ¿Y si digo algo que los ofende? ¿Y si se cansan de mí?*

Me parece curioso que nunca imaginamos finales felices para esos momentos de duda. *¿Y si nos la pasamos increíble, creamos chistes internos y planeamos volver a vernos?* O: *Ya sé cómo va esto, retomaremos justo donde lo dejamos, ¡como si no hubiera pasado el tiempo!*

A pesar de las dudas y los "¿y si…?", sigue apareciendo. Y sigue apareciendo tal como eres. Amando lo que amas y siendo esa obra maestra que Dios creó en ti. Cuando haces eso, estás siendo un buen amigo para tus amigos nuevos, para tus amigos de siempre, Y para ti mismo. Y ESO sí que es divertido.

PERSIGUE LA DIVERSIÓN

Toma un momento para acercarte intencionalmente a un viejo amigo o haz planes con un nuevo amigo.

DÍA 15

SÉ UN AFICIONADO EN EL ROMANCE

El amor es paciente, es bondadoso... Todo lo disculpa, todo lo cree, todo lo espera, todo lo soporta.
1 Corintios 13:4-7

¿Sabes algo sobre lo que nadie sabe nada? Me refiero al *romance*. Cuando una nueva relación comienza entre dos personas, esa chispa, esa conexión, ese interés... es completamente nuevo. Nunca ha existido antes. Y si nunca ha existido antes, ¿cómo podría alguien ser un experto en eso?

Tal vez uno de los dos tenga mucha experiencia en tener citas con otras personas. Tal vez uno de los dos se sienta muy seguro manejando aplicaciones, mensajes de texto y primeras citas. Pero ninguno ha tenido práctica en ESTA relación. Ninguno puede saber con certeza cómo manejar todos los detalles de ESTA conexión, porque es nueva, única, y está en proceso.

Así que todos, escúchame bien: TODOS, tenemos permiso de ser aficionados en el romance. Y eso implica mantener la curiosidad, soltar las expectativas poco saludables, y ser generosos con la gracia.

Cuando mantienes la curiosidad, haces preguntas en vez de hacer suposiciones. El "Obviamente esto va en serio" se convierte en "¿Te gustaría salir otra vez?". Si no estás seguro, pregunta. No ganas nada fingiendo o jugando juegos mentales.

Cuando sueltas expectativas poco saludables, te abres a la sorpresa y la alegría, y te proteges de decepciones innecesarias. No estás interesado en preparar a la otra persona, ni a ti mismo, para el fracaso o los sentimientos heridos. Eso no es amable para ninguno de los dos (consejo extra: esto también aplica con compañeros de cuarto, amigos, parejas y colegas).

Ser generoso con la gracia significa contar historias amables en tu mente sobre lo que está pasando. Es creer lo mejor de ti mismo y de la otra persona. Es mantener cuentas cortas, pidiendo perdón y perdonando rápidamente. Y cuando una relación simplemente no está destinada a continuar, significa reconocerlo y seguir adelante como un acto de bondad para ambos.

Mis amigos casados me cuentan que el romance se ve diferente con el tiempo y con las distintas etapas de la vida. Ya sea con citas en casa después de que los niños se duermen o probando un nuevo pasatiempo juntos cuando ya son un nido vacío, la invitación sigue siendo la misma: curiosidad constante, expectativas sanas, y gracia abundante.

Así que respira profundo, permítete ser un aficionado en el romance, ¡y diviértete!

PERSIGUE LA DIVERSIÓN

Si tienes una relación romántica, escribe una historia amable acerca de la situación, o escribe algunas frases sobre lo que esperas en una relación romántica. ¿Qué te suena divertido?

DÍA 16

SÉ UN AFICIONADO EN LA CONVERSACIÓN

Que sus conversaciones sean cordiales y agradables,
a fin de que ustedes tengan la respuesta adecuada para cada persona.
Colosenses 4:6 NTV

Seguí pensando en las tres frases que quería decir, en cómo decirlas, y en cómo quería que fueran escuchadas. Había hecho una lista con las frases, las palabras, y todas las cosas que quería expresar. Nunca antes había tenido una conversación así, y no estaba segura de cómo saldría.

Las conversaciones nuevas dan miedo y requieren más valentía de la que crees tener.

Podría ser una conversación para pedirle un aumento a tu jefe.

Podría ser una charla con tu pareja para terminar la relación o llevarla a otro nivel.

Podría ser una conversación en una mesa sobre injusticia racial.

Podría ser un momento de crianza, un momento de enseñanza, un momento de amor o un momento médico.

Cada uno de esos ejemplos, y muchos más, nos invita a ser aficionados en la conversación. Eso significa liberarte de la necesidad de ser perfecto y profesional, y permitirte ser nuevo e inexperto en el tipo de conversación que necesitas tener.

Cuando te encuentres listo para liderar una conversación como aficionado, una que nunca antes has tenido, te puedo asegurar que un guion o una lista puede ser de mucha ayuda. Te guía. No te obliga a decir ciertas cosas, pero sí alivia el estrés y la presión de intentar recordar todo lo que nunca has dicho antes. Además, recuérdate ahora (para poder recordártelo en ese momento): no será perfecto. No puedes predecir cómo reaccionará la otra persona ante lo que digas, así que después de tus primeras frases, se convierte en una especie de *Elige tu propia aventura*. Sé lo suficientemente valiente para eso. Mantente abierto a eso. Prepárate para eso.

A veces no somos nosotros quienes inician la conversación. A veces somos invitados, o empujados, por las circunstancias o las relaciones. Cuando te encuentres siendo un aficionado en una conversación inesperada, recuerda respirar. Recuerda pensar antes de hablar. Recuerda pedir aclaraciones, pedir lo que necesites, y pedir tiempo. Llénate de gracia para contigo mismo y para con los demás en la conversación, y permítete ser nuevo en esos momentos.

PERSIGUE LA DIVERSIÓN

Practica la conversación que quieres tener.
Date permiso a ti mismo para comenzar con:
"Bien, soy nuevo en esto, pero realmente quiero...".

DÍA 17

SÉ UN AFICIONADO EN DECIR SÍ

Si alguien te ofrece una oportunidad asombrosa, pero no estás seguro de poder hacerlo, di que sí; ¡y aprende a hacerlo después!
Richard Branson

El día que recibí un correo preguntándome si me gustaría tener la oportunidad de entrevistar a Jennifer Garner para el podcast, se me cayó la mandíbula (sí, ESA Jennifer Garner: la que interpretó a Sydney Bristow y miles de alter egos increíbles en la serie *Alias*, Y la que hizo que yo y todas mis amigas soñáramos con "tener treinta y tantos, ser coquetas y exitosas" gracias a su papel en *Si tuviera 30*. Esa Jennifer Garner). Me quedé sin palabras. Y, créeme, no es común que a esta chica AFD (mis iniciales) le pase eso.

No era porque no quisiera hablar con ella. No era porque no quisiera ser su amiga. No era porque pensara que a mis oyentes del pódcast no les encantaría escucharla. Era porque nunca había entrevistado a alguien con su nivel y esfera de fama. Estaba nerviosa. Y eso no es normal en mí. No sé tú, pero a mí me cuesta encontrar la diversión en situaciones cuando estoy nerviosa. Me sentía como una aficionada en ese momento. Y también en los momentos previos a mi conversación con Jenn (¡ella me dijo que la llamara Jenn! ¡Somos totalmente amigas ya!) Incluso me sentí como una aficionada en medio de la entrevista. Pero lo hice. Dije que sí.

Y resulta que Jennifer Garner es tan encantadora como ha parecido ser todos estos años que he sido fan suya. ¡La entrevista salió estupenda! Además, irónicamente, habló de una película muy dulce en la que era la protagonista, titulada *Yes Day*, que trata de familias que buscan oportunidades para decir sí a ideas alocadas y ver qué sucede.

El asunto es este: si no decimos sí a cosas que nos ponen nerviosos, nos robamos a nosotros mismos la oportunidad de encontrar la diversión en ellas. Podemos darnos permiso de decir un "sí" nervioso. De dar un paso torpe. De ser aficionados al aceptar cosas que nos incomodan un poco, porque puede que descubramos un regalo al otro lado. Tal vez decir sí te lleve a una nueva amistad. Tal vez signifique aprender una nueva habilidad. También puede conducirte a la conclusión firme de que no volverás a decir sí a eso nunca más. ¡Y está bien! Al menos ya lo sabes. No todos tus "sí" tienen que convertirse en éxitos. Solo déjalos tener la oportunidad de convertirse en diversión.

PERSIGUE LA DIVERSIÓN

Hoy di que SÍ a algo que te ponga un poco nervioso. Mantén la mente y el corazón abiertos ¡y tan solo mira qué sucede!

DÍA 18

SÉ UN AFICIONADO EN DECIR "NO"

No deban nada a nadie, excepto el deber de
amarse unos a otros. Si aman a su prójimo,
cumplen con las exigencias de la ley de Dios.
Romanos 13:8 NTV

En nuestra oficina nos gusta recordarnos ocasionalmente (y con cariño) una verdad sencilla: *"No" es una frase completa.*

Es una idea que aprendí de la autora Anne Lamott (aunque la he visto atribuida a otras personas también). Quienquiera que haya originado esta idea, ciertamente me he beneficiado de su conocimiento ganado con esfuerzo. Verás, puede ser bueno decir sí a cosas que nos ponen un poco nerviosos. Esos pueden ser momentos de descubrimiento que nos desafían y nos divierten; pero también puede ser igual de bueno confiar en nuestras propias limitaciones y simplemente decir no.

No toda invitación está destinada a ser aceptada.

No toda oportunidad está destinada a ser explorada.

Incluso las buenas oportunidades e invitaciones merecen un no a veces.

No le debes a nadie tiempo, energía o esfuerzo que no tienes para dar. Así que, incluso si no tienes mucha práctica, y aunque te preocupe decepcionar a alguien que te importa, puedes decir no. Decir no puede que no parezca divertido en el momento, y puedes sentirte un aficionado en ello, pero PUEDE ser profundamente bueno para tu alma.

Si estás cansado, "no" es una frase completa. Te permitirá descansar.

Si te sientes agotado, "no" es una frase completa. Te dará la oportunidad de recargar.

Si estás demasiado ocupado, "no" es una frase completa. Abrirá espacio para lo que más importa.

Si simplemente no quieres, "no" es una frase completa. Te ayudará a ser un buen amigo contigo mismo.

No es falta de amor declinar amablemente, y no le debes a nadie una explicación. No tienes que defender tu "no". No estoy segura de cuándo muchas de nosotras comenzamos a creer en esa narrativa equivocada de que siempre debemos una explicación larga y detallada sobre por qué estamos eligiendo decir no a una oportunidad. Simplemente no es el caso. La Biblia dice que no debemos debernos nada unos a otros, excepto amor. Y eso es todo.

Y así como no todos tus "sí" tienen que convertirse en éxitos, tampoco todos tus "no" tienen que ser para siempre. (Ya sé… es una lástima que esa parte no rime. Bueno, qué le vamos a hacer). Cuando hayas disfrutado de las recompensas de decir no (el descanso, la perspectiva, el margen que has ganado), tendrás un nuevo espacio, tiempo y energía para reconsiderar esas oportunidades.

PERSIGUE LA DIVERSIÓN

Di "no" si necesitas hacerlo. Observa el espacio que se abre.

DÍA 19

SÉ UN AFICIONADO EN DECIR "PERDÓN"

Nunca arruines una disculpa con una excusa.
Benjamin Franklin

Nunca he escuchado a alguien decir que la primera palabra que dijo su bebé fue *perdón*. De todas las frases que los niños aprenden, repiten e imitan mientras están descubriendo el lenguaje, "perdón" no parece ser una que surja de forma natural de la boca de nuestros minimejores amigos. Más bien parece ser algo que debemos enseñarles una y otra vez, y hacer que practiquen regularmente. Aun así, a veces pedirles que se disculpen es como sacarles una muela.

De hecho, mi mamá usaba un pequeño guion cuando nos enseñaba (bueno, nos obligaba) a mis hermanas y a mí a pedirnos perdón cuando éramos niñas: "Perdón por [LLENA EL ESPACIO EN BLANCO]. Fue [LLENA EL ESPACIO EN BLANCO]. Por favor, perdóname. ¿Cómo puedo compensarte?".

Por lo tanto, las conversaciones entre mis hermanas y yo muchas veces sonaban así: "Perdón por haberte jalado el cabello. Fue hiriente y poco amable. Por favor, perdóname. ¿Cómo puedo compensarte?". Claro que en mi interior, mi parte del diálogo solía sonar mucho más defensiva, con algunas acusaciones, o quizá contenía un par de excusas. Tenía mucho que aprender en ese aspecto. La verdad es que era una aficionada en esto de pedir perdón. Todos lo éramos.

Y aunque mis papás fueron constantes en enseñarnos a reparar relaciones dañadas, si soy sincera, todavía me siento como una aficionada cuando se trata de disculparme.

Eso no significa que dejo de hacerlo. A veces tardo más de lo que debería en tener esas conversaciones difíciles. Puede que escriba un borrador mental, lo ensaye, lo edite y lo vuelva a ensayar antes de hablar. Pero, al final, cuando he lastimado a alguien a quien amo, necesito decir "perdón". Necesito asumir mi parte en lo sucedido y hacer lo necesario para reparar lo que se dañó.

Porque la verdad es que no hay muchas cosas que sean más divertidas que tener paz y libertad en nuestras relaciones más cercanas.

PERSIGUE LA DIVERSIÓN

Pide perdón cuando sea necesario hoy.
Usa el guion de mi mamá si no se te ocurre qué decir.

DÍA 20

SÉ UN AFICIONADO EN DECIR "TE PERDONO"

Perdona el mal que hacemos, así como nosotros
perdonamos a los que nos hacen mal.
Mateo 6:12

Tan difícil como puede ser decir que nos equivocamos y pedir perdón, muchas veces me resulta aún más difícil decir (y realmente sentir) "te perdono". Solo estoy siendo sincera. El hecho de que me cueste decir esas palabras no es algo de lo que me sienta orgullosa, pero sí ES algo que estoy practicando.

Eso es lo que haces cuando eres aficionado en algo. Reconoces que no es una habilidad que domines todavía. Te das un poco de gracia, pides gracia, y también se la das a los demás.

Al final, cuando me encuentro en una situación en la que me toca perdonar, pienso en Jesús. Pienso en cómo Él vivió una vida de entrega, empatía, curiosidad, ternura y compasión. En los Evangelios (los cuatro primeros libros del Nuevo Testamento), una de las cosas que los autores destacan una y otra vez es cómo ve Jesús a las personas. Observa cosas sobre ellas: mujeres, niños, personas que los demás solían pasar por alto o evitar. Él se detenía y se tomaba el tiempo para estar con ellas.

Cuando tú también te detienes y prestas atención a las personas, inevitablemente comienzas a entender su historia, a ver qué podría haberles llevado a actuar de una manera diferente a la que tú hubieras elegido. A sentir empatía por lo que pudo haberles llevado a herirte. Y quizá a abrir la puerta al perdón.

Perdonar no es excusar o justificar lo que hicieron. Tampoco significa que quieras reconciliarte y volver a tener la relación de antes. Es simplemente decidir que no vas a encadenarlos a la peor versión de sí mismos (eso no lo inventé yo; es algo que aprendí del pastor Kevin). Yo sé que no quiero que me definan por mi peor versión. Y apuesto a que tú tampoco.

Cuando recuerdo cuántas cosas Jesús ha perdonado en mí, cuántas veces me ha cubierto con su gracia, eso me ayuda a frenar y ver a las personas; a notar las heridas y los desafíos que pueden estar enfrentando y que quizá causaron ese mal día, esa frase sarcástica que dolió, o esa decisión que me hizo sentir rechazada. Sin duda, hay una libertad especial que se encuentra en decir "te perdono". Y encontrar esa libertad es una alegría profunda.

No lo haremos perfectamente. No podemos. Somos aficionados en el arte del perdón. Pero eso no significa que no podamos practicarlo, ¿cierto?

PERSIGUE LA DIVERSIÓN

Si hay alguien a quien necesitas perdonar, comienza a Practicarlo hoy. Ya sea en tu corazón o en una conversación con él o ella, abre esa puerta. Hay libertad al otro lado.

DÍA 21

SÉ UN AFICIONADO EN LOS FINALES

Todo nuevo comienzo viene de algún otro final del comienzo.
Séneca (y también de la banda Semisonic)

Detesto los finales con firmeza, con rebeldía y, a veces, hasta de manera vergonzosa. Aborrezco cuando termina el Mundial. Aborrezco cuando se acaba un buen libro. Aborrezco cuando una relación llega a su fin. A veces comienzo a enfocarme en "lo siguiente" solo para evitar sentir todo lo que me provoca el final de "lo que está".

No soy una experta en el duelo, en soltar o en enfrentar finales, pero siendo honestos, ninguno de nosotros lo es. Todos somos aficionados en esto de amar y perder, porque cada situación es distinta. Cada relación que termina es diferente a la anterior. Cada amistad que se rompe toca fibras únicas del dolor. Cuando una persona que conociste y amaste muere, esa pérdida no se parece a ninguna otra que hayas vivido.

De alguna manara invisible para las personas, hay una tristeza única que viene por perder sueños que nunca se cumplirán, trabajos para los que no te eligieron, o casas que ya no son tuyas. Hay pérdidas y finales que nadie ve, duelos tan íntimos que, aunque desde afuera todo en tu vida parezca estar en su lugar, tú sabes que algo profundo falta.

Y eso nos sucede a todos. A todos. Aunque seamos aficionados en el dolor, no somos tan diferentes de nuestro vecino, amigo, familiar, o incluso esa persona con la que no nos llevamos bien. Todos somos nuevos en la tristeza y el dolor, cada vez, y todos lo sabemos.

Pero también conocemos la liberación que trae una risa y la ligereza de una sonrisa en medio de un momento desgarrador. Sabemos que sí puede haber alegría en medio del duelo. Ese es el truco mágico aquí; ese es el detalle que tienes que buscar, encontrar, y compartir con los tuyos. Cada vez que sonríes entre lágrimas, cada vez que haces llegar unas galletas a una adolescente en el hospital solo porque sabes que le encantan calientes, cada vez que piensas en ese pequeño detalle divertido que puede alegrarle el día a alguien, estás regalándole a esa persona un vistazo de la esperanza, la paz, la alegría y la promesa del Edén.

PERSIGUE LA DIVERSIÓN

Busca la oportunidad (con sensibilidad y cautela) para llevar un poco de diversión a alguien que está lidiando con un final o con el duelo de una pérdida.

DÍA 22

SÉ UN AFICIONADO EN EL LIDERAZGO

Traten a los demás como les gustaría que ellos los trataran a ustedes.
Lucas 6:31 NTV

No es natural para nadie ser el primero en la fila. Por eso, en la escuela se les da a todos los niños la oportunidad de ser quienes encabezan la fila hacia el almuerzo, el patio o el gimnasio. Todos tienen su turno para liderar.

Lo mismo sigue siendo cierto cuando crecemos. Todos estamos guiando a alguien. Esa es una de mis conversaciones favoritas con amigos, especialmente con aquellos que sienten que no son influyentes solo porque no tienen muchos seguidores en redes sociales. Pero lo que vemos en la vida de Jesús es que lideró de cerca a doce personas, les enseñó constantemente, y esos doce iniciaron una reacción en cadena que cambió el mundo; por lo tanto, cuando alguien me dice que no está liderando a nadie o que no es un líder, suelo cuestionarlo.

Puede que no estés liderando una empresa (o tal vez sí).

Puede que no estés liderando una familia (o tal vez sí).

Puede que no lideres en un salón de clase, un hospital, un equipo de fútbol o un escenario (pero también podrías).

Sin embargo, sí estás guiando a alguien. Y eso puede dar miedo, especialmente cuando sientes que no tienes tiempo para ver todos los cursos sobre liderazgo, leer todos los libros, o asistir a todas las conferencias. Pero hay alguien que te sigue, que escucha tus historias, que ve cómo vives; y esa persona está aprendiendo de ti. Ya sea un compañero de trabajo, tus hijos o tus seguidores en redes, están moldeando su forma de vivir a partir de la influencia que tienes en tu propia vida.

No tienes que ser perfecto. No tienes que ser un profesional. Solo necesitas prestar atención a las personas que caminan contigo y a la vida que estás viviendo. ¿Qué tan emocionante es pensar que puedes guiar a alguien hacia una vida más sana, más feliz, con más seguridad en sí mismo? Libérate de la presión de liderar perfectamente. En lugar de eso, reconoce tu historia tal como es: ya eres un líder, tu vida tiene un impacto en otros, ¡y tienes todo lo necesario para liderar de muchas maneras!

PERSIGUE LA DIVERSIÓN

Crea confianza en alguien a quien lideras hoy, pidiéndole retroalimentación sobre algo que no esperaría ser invitado a compartir.

DÍA 23

SÉ UN AFICIONADO EN EL APRENDIZAJE

El aprendizaje nunca agota la mente.
Leonardo Da Vinci

Mis vacaciones favoritas son aquellas en las que descanso y aprendo. Ya sea en una bodega o en una casa histórica, ya sea a través de un libro o de una visita guiada, aprender es increíblemente divertido.

Hay muchas cosas en la vida que tomamos demasiado en serio (creo yo), y que te llamen "estudioso" entra en esa categoría para mí. Las personas que se dedican profesionalmente a aprender son importantes para el crecimiento y el florecimiento de la cultura y las comunidades. Necesitamos personas que dediquen su vida a comprender más de lo que sabemos hoy, para que su conocimiento pueda ayudarnos a moldear cómo vivimos. Aprendemos del pasado, de nuevos descubrimientos, del fondo del océano, y del espacio exterior. Y le doy gracias a Dios por las personas que viven de esa manera.

La mayoría de nosotros, sin embargo, no seremos aprendices profesionales, pero sí podemos ser aprendices de por vida. Podemos desarrollar una actitud de curiosidad hacia la vida y confiar en que hay maneras de encontrar respuestas a nuestras preguntas.

Estas son algunas cosas que estoy aprendiendo en este momento:

Estoy leyendo un libro sobre una familia palestina y aprendiendo sobre las vidas de las mujeres en esa cultura.

Estoy aprendiendo a hacer malabares (aunque lentamente, porque es mucho más difícil de lo que pensaba).

Estoy aprendiendo sobre el rey David a través de mi lectura diaria de la Biblia.

Estoy aprendiendo sobre la reconciliación racial gracias a algunos podcasts que escucho cada semana.

Estoy aprendiendo a caminar por un nuevo sendero en el parque local porque lo acabo de descubrir.

Estoy aprendiendo a hacer punto de cruz en tela negra en lugar de blanca.

No tengo un gran conocimiento sobre ninguno de estos temas, y todavía no soy experta en ninguna de estas habilidades; pero me estoy divirtiendo mucho aprendiendo. Ese es el permiso que debemos darnos a nosotros mismos. Permiso para aprender cosas nuevas, recetas nuevas, datos nuevos, habilidades nuevas. Permitirnos ser aficionados, no saber, y disfrutar realmente del proceso de aprendizaje. Vale la pena hacer tiempo para aprender. Aprender se produce de muchas maneras, tamaños y categorías. Sigue eligiéndolo, una y otra vez, en tu vida espiritual, mental y física.

PERSIGUE LA DIVERSIÓN

¿Qué es algo que estás aprendiendo en este momento?

DÍA 24

SÉ UN AFICIONADO EN TU PROPIA SALUD FÍSICA

El corazón alegre es una buena medicina,
pero el espíritu quebrantado consume las fuerzas.
Proverbios 17:22 NTV

Siento que soy mi propio experimento científico favorito. Después de varias décadas intentando cambiar mi cuerpo y hacer que se viera de cierta manera, encontré libertad al dejar atrás todo eso y adoptar una nueva mentalidad (muchas gracias a Jess Connolly por su trabajo sobre la vergüenza corporal y la libertad). Me di cuenta de que había tenido expectativas poco realistas sobre mi cuerpo. Llegaba al punto de que, incluso cuando alcanzaba una meta que me había propuesto, al mirarme al espejo inmediatamente encontraba varias maneras de seguir cambiándolo. Para mí, eso es muy diferente a mejorar mi salud física.

Por lo tanto, estoy en un proceso para mejorar mi salud. No para obligarme a tener cierta talla ni para pasar horas tratando de parecer más joven de lo que realmente soy según el calendario de mi vida, sino para disfrutar siendo una aficionada en mi propio camino hacia la salud.

Sí, he vivido en mi cuerpo todos los días de mi vida, lo que en teoría debería convertirme en experta. Pero no lo soy. Cada día es una nueva experiencia en mi propia piel, y cada día es un nuevo reto para elegir los nutrientes adecuados, hacer ejercicio, y descansar lo necesario para estar sana.

Algunas personas son expertas en tono muscular o en el conteo de calorías. Otras son expertas en medicina o suplementos alimenticios. Respeto toda esa sabiduría y la necesito en mi vida, pero ninguna de ellas ha vivido en mi cuerpo, ninguna sabe cómo SE SIENTE estar aquí adentro. Pueden decirme que me apoye en ciertos grupos de alimentos y evite otros, pero no saben lo que se siente despertar con más energía y claridad mental por lo que comí el día anterior. Su conocimiento y experiencia son muy valiosos, y confío en los profesionales que he invitado a acompañarme en este proceso de mi salud física.

Pero también es muy divertido probar cosas nuevas, ya sea una nueva receta, una nueva caminata al aire libre, o una clase distinta en el gimnasio. Recuerda que la meta no es alcanzar cierto tamaño o forma corporal, sino disfrutar la vida entera. Mantente lo más saludable posible, experimenta cosas nuevas mientras aprendes y creces, y celebra todo lo que tu cuerpo PUEDE hacer hoy.

PERSIGUE LA DIVERSIÓN

¿De qué manera nueva estás pensando acerca de tu salud física hoy?

DÍA 25

SÉ UN AFICIONADO EN TU PROPIA SALUD EMOCIONAL

Sé amable contigo mismo.
Andrew Peterson

Hace casi una década comencé a ir a consejería, asistiendo semanalmente o cada dos semanas. No sabía cómo hablar sobre mis emociones. No sabía cómo desglosarlas ni organizarlas de una manera que hiciera posible comunicarlas. Y tampoco sabía qué hacer con ellas una vez que entendía que existían.

Claro, a lo largo de mi vida sabía decir que me sentía triste, preocupada o feliz; solo que no sabía cómo profundizar más allá de eso. Tienes que saber esto sobre mí: históricamente, no me gusta el dolor. No me gusta indagar demasiado en mi pasado, porque ¿y si hay cosas dolorosas que he olvidado y es mejor que se queden allí? ¿Y si hay algo que me ha herido pero no sé qué es? ¿Para qué tocar una herida si no es necesario? Reconozco que este modo de pensar es muy equivocado, pero fue la manera en que aprendí a sobrellevar las cosas desde hace mucho tiempo: mirar hacia otro lado con la esperanza de que desaparezcan; pero la terapia cambió todo eso. Aprendí que el mejor curso de acción no es ignorar, sino sacar la enfermedad, barrer las esquinas, revisar el saldo emocional y comenzar esa conversación difícil.

He tenido sesiones con mi consejera y una semana en Onsite Workshops, que es un intensivo de siete días enfocado en hacer un buen y profundo trabajo emocional sobre algunos de los dolores más intensos de la vida, esas partes de tu historia que tal vez no elegiste pero que te han moldeado y afectan tu toma de decisiones. A través de estas prácticas he aprendido a vivir con mi dolor. No a amarlo, no a consentirlo, sino a convivir con él.

Eso no me convierte en una experta en terapia, sin embargo. Desde luego que no. Cada sesión es nueva y distinta a cualquier otra. Soy una aficionada cada vez que me siento en ese sillón frente a una consejera sabia y capacitada. Aunque sé cómo entrar y sentarme, no sé hacia dónde irá la conversación, ni cómo responderá ella a lo que yo diga, ni cómo su respuesta provocará que surjan nuevos pensamientos o temas en mí.

En tu propia salud emocional, sé un aficionado. Aprende sobre ti mismo. Escúchate. Confía en ti. Y comparte tu historia con los demás.

PERSIGUE LA DIVERSIÓN

¿Cuál es una historia que contarías hoy en una sesión de consejería?

DÍA 26

SÉ UN AFICIONADO EN LA FE

Ahora bien, la fe es tener confianza en lo que esperamos,
es tener certeza de lo que no vemos.
Hebreos 11:1

Siempre fueron los niños a quienes Jesús quería tener cerca. Aquellos que sabían menos, se preocupaban menos y hacían menos, eran justamente los que Él decía que quería más cerca de Él. Creo que deberíamos prestarle más atención a eso.

Nunca fueron los adultos, los que sabían mucho y tenían muchos planes e ideas. Jesús no nos dijo que fuéramos como ellos. Nos dijo que fuéramos como los niños.

Y los niños son divertidos. Hay un millón de cosas que los hacen divertidos, pero algunas de mis favoritas sobre mis minimejores amigos son estas: son curiosos, son libres, son esperanzados, y están dispuestos a asombrarse.

Cuando los niños hacen preguntas, hay signos de interrogación legítimos al final. No hacen preguntas con segundas intenciones ni con sesgos de confirmación ya establecidos. Preguntan con la mente y el corazón abiertos, y por eso pueden realmente recibir las respuestas a sus preguntas. Hay un regalo en eso. Una oportunidad de seguir siendo curiosos y de seguir preguntando.

Los niños son verdaderamente libres. No se les ocurre sentirse cohibidos o preocuparse por si los están juzgando. Son seguros de sí mismos y no tratan de demostrarle nada a nadie. Se sienten en confianza para ser ellos mismos, para ser (a veces brutalmente) sinceros, y para aceptar a los demás tal como son.

Los niños tienen esperanza, y lo dicen en serio. Enfrentan la vida esperando divertirse, ser cuidados, vivir con plenitud.

Los niños están dispuestos a asombrarse. De hecho, tienen hambre de eso. Hay una inocencia y una capacidad de asombro en cómo viven sus días, como si algo maravilloso los estuviera esperando a la vuelta de la esquina. Siempre están atentos a descubrirlo. Y, como dice mi pastor Kevin Queen: "Tendemos a encontrar aquello que estamos buscando".

Entonces, ¿y si ser un aficionado en la fe simplemente significa acercarnos a nuestro camino con Dios como los niños se acercaban a Jesús? Podemos ser curiosos porque Él es lo suficientemente grande para manejar nuestras preguntas. Podemos ser libres porque Él es lo suficientemente bueno para cuidarnos. Podemos tener esperanza porque Él es lo suficientemente fiel para sostener nuestro futuro y cumplir sus promesas. Y podemos estar dispuestos a asombrarnos porque Él es asombroso. Si lo estamos buscando a Él, lo encontraremos.

PERSIGUE LA DIVERSIÓN

Dile a Dios lo que te estás preguntando hoy. Dile dónde necesitas ayuda y libertad. Invítalo a que te sorprenda, y entonces observa lo que sucede.

DÍA 27

SÉ UN AFICIONADO EN CREAR

El deseo de crear es uno de los anhelos
más profundos del alma humana.
Dieter F. Uchtdorf

Siempre estuvimos destinados a crear cosas, a tomar los recursos naturales y transformarlos, combinarlos, y convertirlos en algo que importe para nuestro planeta y que ayude a que los seres humanos se desarrollen. Me refiero a que todos fuimos hechos a imagen de Dios, y lo primero que vemos que Él hace en la Biblia es crear. Día y noche, cielo y tierra, mar y tierra firme, plantas y animales, átomos y células. La imaginación, el orden, los detalles, la intención, el hecho de que invita a Adán a participar en el proceso de poner nombre a los animales; todo eso me fascina, me hace sonreír de oreja a oreja y, a veces, incluso me hace llorar de puro asombro.

Pero esto es lo que necesito que escuches: TÚ. ERES. CREATIVO. Lo eres. Eso está dentro de ti.

Y lo que creas no tiene que encajar en las artes tradicionales o convencionales como la pintura, la música o la escritura (aunque también puede serlo). Tal vez creas dibujos, o historias, o sermones, o canciones. Tal vez creas experiencias acogedoras y cálidas para las personas con tu don de hospitalidad. Tal vez creas hojas de cálculo que producen claridad. Quizá creas deliciosos buñuelos de manzana u otras obras maestras culinarias (si es así, mándame algunos, ¡con gusto los pruebo!). O quizá creas listas de reproducción, coreografías, tablas de tareas, herramientas organizativas, planes de estudio, o jardines florales.

La clave no está tanto en QUÉ creas específicamente, sino en ESO que tú sabes crear. Que te atrevas a investigar esa chispa que hay en ti, eso que te apasiona, te interesa o te da curiosidad por aprender más. Y que HAGAS algo con eso. Que no permitas que se quede solo como una idea o un interés. En cambio, se trata de que combines tus ideas con lo que ya existe en el mundo y puedas crear algo nuevo. Algo que tenga tus huellas por todas partes.

Mira, el mundo necesita eso único que solo tú puedes hacer. Produce belleza, alegría, conexión, una nueva perspectiva. La diferencia que podría marcar realmente importa. Nadie puede hacer lo que tú haces. Nadie más puede lograr lo que tú logras. Por lo tanto, aunque seas nuevo en eso. Aunque te sientas torpe. Aunque no se sienta útil. Date permiso para crear de todos modos.

PERSIGUE LA DIVERSIÓN

¿Qué te encanta crear? Pasa algún tiempo hoy haciendo eso.

DÍA 28

SÉ UN AFICIONADO EN EL ARTE

Todo artista fue primero un aficionado.
Ralph Waldo Emerson

Mis abuelos fueron a un museo de arte y regresaron a la casa con fotos de las pinturas. Luego mi abuela las imprimió para mí y las colocó en un álbum de fotos. Pasé más tiempo del que te puedas imaginar tirada en el piso de mi cuarto de infancia hojeando ese álbum de arte. Había una pintura en particular, de unos hombres en un bote con un tiburón debajo, que me fascinaba. Con el dedo seguía las pinceladas y los detalles, y me daba miedo y me encantaba. ¿Sabes a lo que me refiero? No podía dejar de mirarla.

El arte hace eso, ¿cierto? *Arte* es una palabra pequeña que abarca un abanico enorme de cosas: pintura, música, dibujo, escultura, lenguaje de signos, postres, libros... la lista es interminable.

¿Cómo se ve el comenzar a hacer arte? Comienza con lo que amas. ¿Qué tipo de arte te habla? ¿Es la música que escuchas o la comida que comes? ¿Es el arte en una galería o un cojín bordado a mano? Comienza ahí. Aunque no sepas cómo hacerlo, simplemente comienza.

Yo creo que las pinturas son hermosas, conmovedoras y poderosas; por lo tanto, para el cumpleaños de mi hermana hace unos años atrás, tomamos juntas una clase de pintura. Pintamos varias escenas de las montañas que podíamos ver desde donde se impartía la clase. Mi hermana hizo un trabajo increíble mezclando los colores de las montañas, igualando los tonos del cielo, y creando una obra de arte impresionante. ¿Y yo? Un desastre. No podría haber creado algo más feo. Te digo que nos hizo reír a todos de lo horrible que quedó. Pero me alegro de haberlo intentado. Me alegro de haber invertido el tiempo y el dinero en crear ese recuerdo con mi hermana y darle una oportunidad al arte. Yo era una aficionada, todavía lo soy, y eso definitivamente se notó en mi pintura.

He probado con otros tipos de arte en los que también soy una aficionada, como el punto de cruz. Pero, la verdad, estoy mejorando con el tiempo. He hecho algunas piezas que he regalado a familiares y amigos, y he hecho tres que están colgadas en mi casa. Crear arte hermoso de cualquier tipo, ya sea algo que podemos oír, ver, saborear, tocar u oler, nos recuerda a nuestro Dios creativo. Nos muestra, una vez más, que todo lo que Dios hace es bueno, hermoso y verdadero.

PERSIGUE LA DIVERSIÓN

¿Qué clase de arte quieres hacer? Investiga un poco sobre cómo hacerlo, reúne lo que necesites, ¡y comienza a crear!

DÍA 29

SÉ UN AFICIONADO EN LOS VIAJES

El verdadero viaje de descubrimiento no consiste en buscar nuevos paisajes, sino en tener una nueva mirada.
Marcel Proust

Mi grupo de amigas y yo viajamos juntas con bastante regularidad. En cada viaje, inevitablemente caemos en nuestros respectivos roles aunque nunca los hayamos expresado. Una de nosotras es la coordinadora de actividades, buscando los lugares que visitar, los restaurantes que probar, las atracciones que no podemos perdernos. Otra es la que revisa todo dos veces, un poco la "mamá" del grupo, asegurándose de que nadie haya olvidado nada y de que la puerta del condominio esté cerrada con llave al salir (ella también siempre lleva aperitivos). Otra es la que se encarga de pasar el tiempo, creando listas de reproducción para el viaje en carretera y sacando buenas preguntas para iniciar conversaciones, siempre con un "¿Y si...?" bajo la manga. Y una, sin la cual ningún viaje pasaría del sueño a la realidad, es la planificadora: crea el itinerario, se asegura de que las reservas estén hechas, y nos dice dónde debemos estar y cuándo.

Intentar viajar sin la planificadora hace que las cosas sean... bueno, interesantes, por decir lo mínimo. Me recuerda un viaje en solitario que hice a la ciudad de Nueva York hace un tiempo atrás, y cierto trayecto en metro que duró MUCHOS minutos más de lo necesario porque, *quizá*, no estaba en el tren correcto en mi primer intento. No hace falta decir que hubo un poco de pánico al inicio y algunos momentos de estrés, pero luego logré entender lo que pasaba, corregí el rumbo, y llegué a mi destino solo un poco sacudida. Cómo llegaba la gente a algún lugar antes de la era de los celulares, nunca lo sabré.

No tuve una experiencia increíblemente mágica en el proceso. No hubo un momento de revelación que me dijera por qué era importante haber estado en un lugar diferente al que debía ese día.

Lo que sí ocurrió, sin embargo, fue que aprendí algo sobre mí misma: puedo perderme, resolverlo, y estar bien.

Cada vez que voy a un lugar nuevo, soy una aficionada en ese lugar. Es bueno desviarnos de nuestros caminos ya conocidos. Ganamos confianza y resiliencia, y nos divertimos al descubrir nuevos lugares, personas, comidas, costumbres, olores y culturas. Lo nuevo es divertido. Así que permítete ser una aficionada en los viajes. Ni siquiera tienes que ir muy lejos para encontrar algo completamente nuevo o para conectar con alguien que puede enseñarte muchas cosas nuevas.

PERSIGUE LA DIVERSIÓN

Viaja por el pasillo y preséntate a otros alumnos en tu residencia estudiantil. Viaja cruzando la calle y lleva dulces a los nuevos vecinos. Viaja a un nuevo restaurante y experimenta los sabores de una cultura diferente. Viaja a una nueva ciudad o país y deja espacio para vagar sin rumbo concreto.

DÍA 30

SÉ UN AFICIONADO EN LA COCINA

No seas demasiado tímido y delicado con respecto a tus acciones.
Toda la vida es un experimento.
Ralph Waldo Emerson

Puede que para ti sea algo natural saber exactamente qué condimentos agregarle a una sopa o qué vegetales combinan con esos muslos de pollo que tienes asándose en el horno. Si ese es tu caso, te celebro. ¡Sigue adelante! Pero... prueba recetas nuevas, prueba alimentos nuevos, prueba cocinas de diferentes partes del mundo. ¿Por qué? ¿Por qué importa? Porque aprender y crecer en el ámbito de la cocina no tiene límite; no hay un final en cuánto puedes mejorar en la cocina. Y cocinar es verdaderamente una de las formas más antiguas en que las comunidades se conectan. Compartir comida hecha por ti fortalece las relaciones y produce sanidad. Las personas se sienten cuidadas, atendidas y amadas por la manera en que las alimentas.

He estado tratando de meterme más en la cocina, por mí y por la gente que amo. Hay algo especial en poner tus manos sobre los ingredientes y transformarlos en algo nuevo y, con suerte, delicioso. Al principio saqué mis viejos libros de cocina y busqué recetas en el internet, y como todo era nuevo para mí, las seguí al pie de la letra. Y fue divertido. No todo salió exitoso o delicioso, pero me mantuve dentro del presupuesto, ahorré tiempo, y realmente lo disfruté.

Luego, todo subió de nivel cuando comencé a experimentar con modificar las recetas a mi gusto. ¿Me gustaría más esta sopa si los vegetales estuvieran asados primero? ¿Y si cambiara la papa blanca por batata? (me refiero al camote; pero, consejo de aficionada: no lo hagas). Ahora tengo unas cuantas sopas y ensaladas perfeccionadas que siempre están en rotación en mi nevera y mi congelador. Y, de una manera que no sé cómo explicarte, igual que no supe cómo explicárselo a mi consejera, cocinar comenzó a sanarme. No a sanar o cambiar mi cuerpo, sino que, después de semanas cocinando en mi cocina, la manera en que hablaba de mi cuerpo, lo pensaba y lo miraba, cambió drásticamente. Es como si todo se hubiera asentado. Las olas de odio hacia mí misma, que golpeaban mi orilla con fuerza de marea alta, se retiraron mar adentro mientras yo revolvía, picaba, asaba, y esperaba. El amor creció mientras esperaba. Lo que pensé que estaba ganando en mejor comida y servicio más rápido al comer fuera o pedir comida en casa, lo estaba perdiendo en sanidad.

Cocinar me hizo algo, me sigue haciendo algo, que puedo sentir que realmente importa. Aunque no lo haga perfecto cada vez, es una práctica que es buena para mi alma y para mi cuerpo.

PERSIGUE LA DIVERSIÓN

Piensa en lo que más te gusta cocinar, compra los ingredientes que necesitarás, y prepáralo hoy para ti mismo o para alguien que amas.

DÍA 31

SÉ UN AFICIONADO EN LA DIVERSIÓN

Si un hombre no sigue el paso de sus compañeros, tal vez
se deba a que oye un tambor diferente. Que camine al ritmo
de la música que oye, sin importar cuán pausada o lejana sea.
Henry David Thoreau

Me encanta preguntarles a los invitados de mi pódcast qué les gusta hacer para divertirse. Me encanta escuchar la variedad de respuestas, las muchas maneras en que las personas se divierten y cómo, a menudo, eso involucra a otras personas, un giro en la historia, o un recuerdo digno de ser creado. Me encanta cuando la gente comparte qué les suena divertido al presentarse en filas de bienvenida o en restaurantes. Y realmente me encanta que haya tres mil ejemplos de diversión de mis amigos esparcidos por mi libro *Eso suena divertido*.

Algo que ocurre a veces, sin embargo, es una pausa seguida de una justificación o una advertencia. Una persona dice algo como: "Puede que esto no te parezca divertido, pero...". O hace un comentario como: "Sé que esto no es grande, ni elegante ni llamativo, pero...". Como si sintiéramos la necesidad de disculparnos por lo que nos parece divertido. O como si tuviéramos inseguridad por temor a que alguien juzgue, lo compare, o desapruebe nuestro modo de divertirnos.

Pero aquí está la verdad, y lo digo con todo mi corazón: si te parece divertido a ti, es divertido. Punto. Fin de la historia. Ya sea algo simple e inocente o algo elaborado y fuera de serie. Si te parece divertido a ti, entonces lo es.

Tu diversión te pertenece. No puedes equivocarte en esto. No hay una prueba de habilidades para evaluar, no hay un proceso de certificación, y no habrá una calificación al final. Así que respira ese suspiro de alivio que se produce con la libertad de ser un aficionado en la diversión. Hay mucha libertad aquí. Intenta algo nuevo. Intenta algo que no has hecho en mucho tiempo. Invita a otros a unirse. Prueba lo que a ellos les parece divertido, y ve si también te parece divertido a ti. Sé un principiante, y ríete (y ríete contigo mismo) mientras aprendes y creces.

PERSIGUE LA DIVERSIÓN

Echa la vista atrás a los treinta últimos días y reflexiona en lo que has descubierto acerca de ti mismo. ¿Dónde estás abrazando ser un aficionado, y qué diversión experimentaste en el proceso?

¿Cómo averiguas aquello que te apasiona?
Beth

¿Cómo juzgas cuándo está bien enamorarte de personas?
Cayenne

Me gusta leer, pero ¿es eso un pasatiempo?
Kelsey

¿Cómo experimentas diversión con Dios?
Ciara

¿A qué otros ritmos nos ha llamado Dios que me estoy perdiendo?
Sue

Me pregunto cómo ser un aficionado en las relaciones sin sentirme avergonzada.
Andrea

¿Cómo encuentras a tu gente? ¡Personas con las que vivir y divertirte!
Jordan

¿Cómo conecto con la libertad de la niñez?
Meredith

ENAMÓRATE

DÍA 32

EL PODER DE ENAMORARTE

El tiempo es demasiado lento para quienes esperan, demasiado rápido para quienes temen, demasiado largo para quienes sufren, demasiado breve para quienes se gozan, pero para quienes aman, el tiempo es eternidad.
Henry Van Dyke

Yo me enamoro constantemente. Todo el tiempo. Me enamoro de ideas y me enamoro de la risa de los niños. Me enamoro de las películas y me enamoro de las recetas. Me enamoro del mesero que describe un vino a la perfección y me enamoro del hombre soltero y apuesto que es voluntario en la iglesia. Me enamoro de las comidas y me enamoro de chaquetas de tiendas en Aberfeldy, Escocia.

Y no estoy siendo insensible ni vulgar con la palabra *amor,* como solían decirnos en la iglesia: que la gente usa *amor* demasiado a la ligera y que en realidad no saben lo que significa... bla, bla, bla. Lo digo en serio. Yo siento el amor a lo grande. Siento todo a lo grande. No siento nada en pequeño. Siento una gran felicidad y una gran tristeza. Siento una gran emoción y un gran susto. Siento una gran ira y un gran amor. Simplemente todo es grande.

Es poderoso permitirte enamorarte de algo (o de alguien). Muestra un nivel de vulnerabilidad cuando te admites a ti mismo que la emoción que sientes es amor. Por alguna razón, existe una creencia en la cultura occidental, probablemente más en los varones, pero también en muchas mujeres, que dice que debemos contener nuestro amor. No te emociones demasiado, no te involucres demasiado, sé equilibrado y tranquilo, y no dejes que nadie note cuánto te entusiasma algo. Yo digo un GRAN NO a ello, porque eso no es ser sabio; eso es tener miedo. Miedo a destacar. Miedo a decir la verdad. Miedo a que te guste algo que a los demás no les gusta (al menos que tú sepas).

Casi todos los días eso juega a mi favor. Mis amigos saben que los amo DE VERDAD. Las personas con las que estoy no tienen duda de que quiero estar con ellas. Mis tiendas favoritas lo saben, y mis restaurantes favoritos también. Quienes escuchan mi pódcast lo saben. Saben qué amo, a quién amo, y qué cosas entran y salen de mi vida según a quién estoy citando y de qué estoy hablando. Llevo el corazón a flor de piel porque, en el sentido más literal de la frase, así es como Dios me hizo. Y es poderoso vivir como Dios te hizo.

PERSIGUE LA DIVERSIÓN

¿Qué puedes amar hoy?

DÍA 33

EL AMOR REQUIERE RIESGO

Es mejor haber amado y perdido que no haber amado nunca.
Alfred, Lord Tennyson

Yo amo a lo grande, y eso siempre es arriesgado. Lo siento dentro de mí incluso hoy. He sido intencional en caminar hacia la salud emocional estos últimos años. La consejería, ya sea semanal o mensual, ha sido una parte fundamental de mi sanidad y crecimiento. Mi consejera y yo hemos trabajado a fondo algunos dolores y decisiones realmente difíciles, y sé, sin duda, que hoy soy mejor pensadora, mejor para tomar decisiones, mejor en mi fe, mejor amiga, y mejor pareja romántica que nunca antes. Y aquí hay otra verdad: lo grande no se ha hecho más pequeño. No he sentido menos. Hace diez años atrás, cuando comencé este camino de querer realmente recibir ayuda con lo que pienso y siento, hubiera pensado que la consejería haría que mis sentimientos GRANDES se hicieran más pequeños; pero no fue así. Si algo ha cambiado, es que el rango de mis emociones se ha ampliado. La intensidad es la misma, pero ahora puedo llamar a cada emoción por su verdadero nombre. Pero todas siguen siendo grandes.

Y no puedo ocultarlo. A veces quisiera poder hacerlo. Quisiera poder bajarle el volumen a lo que siento. Sin duda se sentiría menos arriesgado. Con el tiempo he aprendido a controlar mejor mis reacciones físicas e inmediatas, pero lo que siento sigue siendo bueno, grande. Un muchacho una vez me dijo que sabía exactamente lo que sentía por él porque yo llevo el corazón a flor de piel. No sé si lo dijo como una crítica, pero estoy bastante segura de que tampoco lo dijo como un elogio. Eso me dio miedo por algunas semanas, hasta que me di cuenta de que sí, me guste o no, mi corazón está absolutamente expuesto para que todos lo vean.

¿Quieres aprender a divertirte? ENAMÓRATE. Enamórate una y otra vez cada día de algo, y tal vez de alguien. Sí, va a doler; pero aquí está lo más importante sobre el amor, la vulnerabilidad, y decir sí a los sentimientos grandes incluso cuando asustan: hace que tu corazón empiece a latir fuerte y rápido. Y eso es un buen recordatorio de que no estás muerto. Porque no lo estás. Aquello que pensaste que te mataría, no te mató. Sobreviviste. Estás vivo. Y cada vez que te enamores de un nuevo par de zapatos, de un equipo de fútbol, o de una persona que te trata mejor de lo que pensaste que merecías, que eso te recuerde lo profundamente vivo que estás.

PERSIGUE LA DIVERSIÓN

¿En qué sientes que tu amor es arriesgado?
Escribe sobre eso hoy.

DÍA 34

¿POR QUÉ NOS CONTENEMOS?

La vida no consiste en ocultar cartas buenas sino
en jugar bien las que ocultas.
Josh Billings

Ay, ¿no es esa la pregunta más real y sincera sobre el amor? ¿Por qué contenemos nuestro amor cuando lo sentimos, lo sabemos, y queremos compartirlo?

A veces lo contenemos porque sentimos que carecemos de los recursos para amar. Tal vez pensamos que aquello que queremos amar nos costará dinero y no tenemos la capacidad económica. Lo escuchamos muchas veces cuando las parejas están decidiendo cuándo tener hijos: quieren esperar hasta tener "suficiente" dinero, o sea, la cantidad que ellos consideren necesaria. Quieren tener hijos y amarlos bien, pero sienten que no tienen lo que se necesita económicamente. Lo mismo puede suceder con los sueños, las relaciones, los hogares o las oportunidades.

También podemos sentir que carecemos del conocimiento suficiente para amar. Tal vez quieres probar un pasatiempo nuevo pero temes no saber lo suficiente para ni siquiera comenzar. Tal vez una oferta de trabajo encaja perfectamente con lo que deseas, pero no sabes por dónde comenzar a acercarte a esa carrera.

Ha habido momentos en los que yo misma he contenido mi amor por sentir que me faltaba algo en lo relacional. Tal vez es tu propia salud emocional la que te hace sentir que no puedes amar bien. O quizá es tu historial de relaciones el que te hace dudar de intentarlo de nuevo.

Lo que sigue siendo cierto es que, cuando queremos amar, siempre habrá algo que nos susurre que no tenemos lo que se necesita para amar bien. Y eso debería llevarte a tener una conversación sincera contigo mismo. ¿Por qué quieres contenerte? ¿Qué sientes que te falta? ¿Cómo se vería el permitirte amar, incluso si sientes miedo?

Para amar bien, para amar por completo, para convertirte realmente en la persona que deseas ser y que esperas ser, ya no puedes seguir conteniendo tu amor. Claro que hay sabiduría en cómo amar, y los límites en el amor son saludables. Pero... muchas veces nos contenemos por lo que tememos o por lo que sentimos que nos falta. Me pregunto cómo sería tu vida si dejaras de permitir que tu carencia determine tu capacidad de amar.

PERSIGUE LA DIVERSIÓN

¿En qué sientes que te estás conteniendo cuando quieres amar?

DÍA 35

ENAMÓRATE DE LA COCINA

Mucha gente dice que la comida es medicina,
pero yo diría que cocinar es medicina.
Chef Cory Barrett

La vez que entrevisté al chef Cory Barrett en *Eso suena divertido* (*That Sounds Fun,* episodio 146) seguirá siendo por mucho tiempo uno de mis episodios favoritos de todos los que hemos grabado. El chef Cory fue exactamente la misma persona en nuestra conversación que en el programa *Spring Baking Championship,* del canal Food Network. Y fue tan divertido como me imaginaba. Aprendimos todos los detalles detrás de cámaras de la competencia, cómo empezó a cocinar y hornear, y luego dijo una frase que he repetido muchas veces y que se me quedó grabada personalmente:

"Mucha gente dice que la comida es medicina, pero yo diría que cocinar es medicina".

Necesitaba escuchar eso. Aunque no me conocía lo suficiente como para saber cuánto necesitaba escucharlo, el chef Cory estaba predicando algo importante para mí.

Durante años he vivido bajo el lema "La comida es medicina". La comida va a sanar, la comida va a sanar, la comida va a sanar. Come los alimentos adecuados y tu cuerpo se sanará. Pero ¿cocinar como medicina? Tal vez ese era un Edén que no sabía que había perdido. Pero cuando supe que existía, lo extrañé.

Así que empecé a cocinar un poco más. Saqué todos los libros de cocina de Danielle Walker, el recetario familiar que mi mamá armó hace unos años atrás, y algunos otros que tenía apilados por la casa. Y comencé a hacer sopa. Muchas sopas y guisos diferentes. Es mi manera favorita de incorporar carne y verduras a mi cuerpo. Usé la estufa, la olla de cocción lenta y la olla de presión eléctrica. Hice sopas en porciones individuales y también ollas grandes que terminaron en mi congelador, en mi refrigerador, y en algunos recipientes que llevé a casa de amigos.

Aprender a cocinar es un rito de paso cuando dejamos el hogar de la infancia... de lo contrario, te gastarás todo el presupuesto en comida para llevar (lo cual podrías hacer incluso sabiendo cocinar, PERO al menos en ese caso es una elección, no una necesidad). Pero el acto de cocinar u hornear, el tiempo que lleva hacer algo que antes no existía, y que sea algo que te alimente y te dé energía para vivir, eso también es bueno para el alma. Ya sea que estés alimentando a una familia de cinco, de diez, de dos, o solo a ti, hojea un libro de cocina, encuentra una receta que suene divertida de preparar y anímate a intentarla (aunque seas aficionado y no te salga muy bien).

PERSIGUE LA DIVERSIÓN

Piensa en una comida que te guste comer y que nunca hayas preparado. Compra los ingredientes y prepárala hoy.

DÍA 36

ENAMÓRATE DEL APRENDIZAJE

Escuche esto el sabio y aumente su saber;
reciba dirección el entendido.
Proverbios 1:5

Sentir curiosidad es una de mis cosas favoritas. El mundo siempre se siente completamente nuevo cuando eres curioso. Cuando comienzas a hacer preguntas, cuando comienzas a mirar más allá de lo que tienes justo delante, es cuando las cosas se ponen realmente divertidas.

Me encanta Colonial Williamsburg.* Me encantan los recorridos que ofrecen, desde el herrero hasta las coronas navideñas; ¡quiero verlo TODO! La manera en que hacen que aprender historia sea inmersivo, la cantidad de cosas que no sé sobre esa época de la historia, es de mis cosas favoritas. La última vez que estuve allí, el guía que nos llevó por el edificio del capitolio no dejaba de mencionar detalles secundarios: cosas como el número de espadas en la pared o el año en que se instaló el piso. No estoy segura de haber retenido todo en mi mente, pero en el momento se sintió especial escucharlo.

¿Alguna vez has hecho el recorrido *Keys to the Kingdom Tour* en Disney World? Hace unos años atrás, pude acompañar al equipo creativo de mi iglesia

* Nota del editor: Colonial Williamsburg es un museo de historia viviente y una fundación privada que presenta una parte del distrito histórico de Williamsburg, Virginia, EE. UU.

cuando hicieron el tour y aprendieron todo sobre la creación, el concepto y el crecimiento de los parques temáticos de Disney. Mi parte favorita fue que, al subirnos a los juegos, podíamos escuchar a nuestro guía por un pequeño auricular señalándonos cosas, contándonos historias en el camino. El guía se aseguraba de que viéramos muchos detalles pequeños y encontráramos todas las orejas de Mickey Mouse escondidas: talladas en la madera, formadas con flores, o sobre una mesa en la atracción de la Mansión Embrujada, formadas por tres platos colocados como la cara y las orejas de Mickey.

Eso también se aplica al crecimiento espiritual. Cuantos más detalles puedo aprender, cuantos más datos curiosos y conexiones surgen mientras leo la Biblia o aprendo sobre historias bíblicas, más divertido se vuelve todo. Sinceramente, ¡no sé cómo hacía la gente estudios bíblicos antes de poder buscar cosas en el internet! Yo diría que uso algún recurso en línea casi todos los días en mi tiempo de lectura. Me encanta aprender el significado original de palabras que me llaman la atención en la Escritura, me encanta ver frases que se repiten a lo largo de capítulos o de los libros, me encanta ver cómo ciertos autores usan ciertos términos. A medida que mi curiosidad crece, incluso si no todo en la Biblia tiene sentido para mí al principio, mi disfrute al leer y estudiar también crece. Es realmente divertido enamorarse del aprendizaje: sobre personas, lugares, y cosas nuevas sobre Dios.

PERSIGUE LA DIVERSIÓN

Escoge una persona, un lugar, un evento histórico o una cosa (cualquiera realmente) sobre lo que te guste aprender y, solo por diversión, ¡investiga un poco hoy!

DÍA 37

ENAMÓRATE DE CULTIVAR COSAS

No sé si las personas amables tienden a cultivar rosas,
o si cultivar rosas hace amables a las personas.
Roland A. Browne

He estado dándole vueltas todo el día a una situación que va más lenta de lo que me gustaría. Quiero saber cómo termina la historia, quiero saber qué va a suceder después y cuándo va a suceder. Pero justo a mi izquierda, en el porche, hay una planta pequeña que una amiga me regaló para celebrar la publicación de un libro que escribí. Y mientras estoy sentada aquí, me doy cuenta de que hay dos tallos nuevos y algunos brotes que antes no estaban. Los tallos son de un verde brillante, un tono muy diferente al que ya tenía la planta, y los brotes son hermosos, diminutos, y de un verde aún más singular.

Cultivar cosas es una tarea fascinante. Yo me he encargado de regarla, esforzándome por seguir las reglas: ni demasiada agua ni muy poca. También la pongo al sol y la voy girando cada semana para asegurarme de que todos los lados reciban la misma cantidad de luz. Pero no he hecho nada para que esos nuevos tallos crezcan.

La Biblia habla de esto: cómo nuestro trabajo es regar, pero el milagro del crecimiento le corresponde a Dios (está en 1 Corintios 3:6-7, por si quieres leer el pasaje). Así que nosotros, en nuestra vida diaria, con nuestras plantas, jardines, relaciones, carreras y oportunidades, deberíamos hacer lo mejor que podamos por enamorarnos del proceso de crecimiento. De la lentitud, y luego de lo repentino. Como cuando un día los tomates en la planta están verdes (perfectos para tomates verdes fritos), y al siguiente están rojos (¡hay que recogerlos!), y al día siguiente casi demasiado maduros. Esto sucede en muchas áreas de la vida, así que aprender a valorar el proceso en las cosas que sí podemos ver nos dará fe y esperanza en esos procesos de crecimiento que no podemos ver.

Eso es lo que se necesita. Calor, agua, y fe. Algo más grande y luminoso que brille sobre lo que está creciendo, un poco del alimento que necesite para desarrollarse, y fe dentro de ti: fe en que Dios hará la obra de crecimiento, fe en que hay cosas que no puedes ver que ya están en marcha, y fe en que esa semilla valiosa que tienes en la mano llegará a ser exactamente lo que está destinada a ser.

PERSIGUE LA DIVERSIÓN

Nombra una cosa en tu vida que ves crecer. Para recordarte a ti mismo que hay cosas creciendo que NO PUEDES ver, pasa un tiempo mirando plantas, animales, o niños ¡para ver crecimiento en tu vida diaria!

DÍA 38

ENAMÓRATE DE ESTAR AL AIRE LIBRE

Todo el mundo necesita belleza al igual que pan,
lugares donde jugar y donde orar, donde la naturaleza pueda sanar
y dar fuerza al cuerpo y al alma.
John Muir

Hace unos años atrás, comencé a hacer caminatas con regularidad en un lugar de Nashville llamado Radnor Lake. Es un parque natural hermoso en medio de la ciudad, con un lago (obvio), colinas, senderos, y todo tipo de vida silvestre. Ha sido una excelente manera de usar una hora de mi día, varios días por semana, para ir a caminar a Radnor Lake, subir por los senderos que llevan a la cima de las colinas y luego bajar. Caminar alrededor del lago, pasar por mi banca favorita (la número 10) y luego regresar al auto. Simplemente me encanta estar ahí.

Y algo que a veces me frustra, pero que en realidad me hace bien, es que no está permitido correr en Radnor Lake. Hay un tramo corto desde el estacionamiento hasta la entrada de los senderos, una parte que antes era una carretera que conectaba Granny White Pike con Franklin Road, en la que sí se puede correr. Pero solo en esa parte. El resto, hay que caminarlo.

No me gusta caminar; siento que toma demasiado tiempo. No soy buena corriendo y, sinceramente, no corro mucho más rápido de lo que camino, pero siento que logro más. Sin embargo, cuando estoy al aire es cuando me muevo un poco más despacio. Veo a los gansos y sus crías. Veo las flores que han cambiado desde la última vez que pasé por allí, y veo el nuevo cartel de "se vende" en la casa de mi vecino. Ya sea un día soleado, nublado, frío, lluvioso, cálido, brillante o con viento, me encanta pasar unos minutos respirando aire fresco y viendo cómo se mueve el mundo.

Justamente ayer, después de trabajar varias horas en el interior, le dije a mi compañero de trabajo: "Solo necesito respirar un poco de aire afuera". No es que algo estuviera saliendo mal o que todo fuera terrible; simplemente había pasado mucho tiempo bajo las luces de la oficina y respirando aire de oficina.

Hay algo especial en estar al aire libre. Una caminata corta. Unos minutos en el jardín. Leer un libro en el porche. Unas horas junto a la piscina (o dentro de ella). Caminar unas cuadras hasta la tienda de dulces. Estacionarte en unos de los lugares más lejos en el centro comercial. Cuanto más tiempo pasas en la naturaleza y más ves, escuchas y hueles del mundo real, más lo vas a anhelar, más vas a ver a Dios en él, y más lo vas a amar.

PERSIGUE LA DIVERSIÓN

Toma unos minutos hoy para caminar al aire libre, y observa cinco cosas.

DÍA 39

ENAMÓRATE DE LOS LIBROS

Cuando consigo un poco de dinero compro libros,
y si me sobra algo, compro comida y ropa.
Erasmo

Ahora bien, no estoy diciendo que tengas que amar la lectura (aunque yo considero que leer es uno de mis pasatiempos favoritos de todos los tiempos). Pero sí creo que definitivamente deberías enamorarte de los libros. Puedes leer un libro en papel, puedes leerlo en un lector digital, puedes escucharlo en formato de audiolibro. Todo eso está perfectamente bien.

Ayer me reí mucho mientras veía algunos memes y encontré uno que mostraba una típica hoja de registro de lectura de primaria. Encima de la imagen, alguien había escrito: "Aquí fue cuando aprendimos a mentir por primera vez". Me dio mucha risa, porque como estudiante recuerdo haberle mentido a mi maestra, y como exprofesora de quinto grado, definitivamente recuerdo a mis alumnos mintiéndome. No es que la gente ya no compre libros; mucha gente aún lo hace. Es más bien que el tiempo que antes usábamos para leer justo antes de dormir, una tarde de domingo, o durante un vuelo, ahora lo usamos para desplazarnos por el celular, ver Netflix, o seguir desplazándonos. Y la ciencia detrás de lo que esos textos en fragmentos le han hecho a nuestros cerebros y a nuestra capacidad de concentración... bueno, no es precisamente alentadora.

Así que volvamos a enamorarnos de los libros, no solo por la historia de la palabra impresa y la forma en que los libros se han apilado en estanterías por generaciones, sino también porque necesitamos volver a ejercitar nuestra capacidad de atención. Necesitamos poder comenzar una historia y que no termine en cuestión de minutos. Necesitamos disfrutar del viaje que implica leer un libro: pasar las páginas (o deslizar el dedo en un lector digital, o cambiar de capítulo en un audiolibro), sentir la anticipación de lo que podría suceder en el siguiente capítulo o en la página que sigue, apreciar el trabajo que el autor ha hecho para construir no solo un párrafo bien escrito, sino todo un libro.

No hay reglas aquí. Lee tantos o tan pocos libros como quieras, pero no renuncies a leer libros. Los necesitamos. Aprendemos de ellos de muchas maneras.

PERSIGUE LA DIVERSIÓN

¿Cuál es tu libro favorito de todos los tiempos? Sácalo de la estantería hoy y lee un poco, ¡o el libro completo!

DÍA 40

ENAMÓRATE DE LA BIBLIA

Y el Verbo se hizo hombre y habitó entre nosotros.
Y contemplamos su gloria, la gloria que corresponde al Hijo único
del Padre, lleno de gracia y de verdad.
Juan 1:14

De todos los libros que espero que llegues a amar, espero que ames la Biblia. Es un texto antiguo, publicado, reimpreso y comprado más que cualquier otro libro en la historia del mundo. Tiene sesenta y seis libros. Treinta y nueve en el Antiguo Testamento, que cuenta la historia del inicio del mundo hasta unos cientos de años antes del nacimiento de Cristo. Veintisiete en el Nuevo Testamento, que narra el nacimiento, la vida, la muerte y la resurrección de Jesús, el inicio de la iglesia, su crecimiento, e incluso algunas palabras sobre hacia dónde va el mundo en el futuro y el regreso de Cristo.

La Biblia es un libro complejo. No voy a fingir que no lo es. Hay partes de la historia que no siempre me resultan fáciles, y contiene relatos dolorosos y pasajes difíciles que no siempre tienen sentido dentro de nuestra cultura moderna occidental. Pero todo lo que contiene es verdad. Cada palabra es confiable. En cualquier libro es importante cuestionar y reflexionar sobre lo que se lee, pero particularmente en aquellos que van a moldear tu vida. Y es seguro hacerlo con un texto que tiene miles de años y es completamente verdadero. No se doblegará, no se quebrará, y lo que ocurre en ese proceso de lucha y reflexión te hará más fuerte.

No sé cómo podría vivir mi vida sin la Biblia. Me da mucha esperanza, mucha comprensión, mucha paz. Leo historias de personas como yo, personas que intentaban hacer lo mejor que podían pero que se equivocaban con frecuencia, personas que tampoco sabían cómo iba a terminar su historia. Leo historias de personas que trataban de honrar a Dios con sus vidas en los días buenos y en los malos. A través de la Biblia llegamos a conocer a Jesús. Y al conocer a Jesús, llegamos a conocer a Dios.

La Biblia está viva y activa; no es como otros libros que uno lee. No cambia, pero a través del Espíritu Santo, la Biblia puede hablar a tu vida aquí y ahora. Pruébalo y lo verás. Dedica diez minutos al día a leer la Biblia, ¿tal vez justo después de leer este libro cada día? Y cuando lleguemos al día cien, fíjate si la Biblia significa más para ti que cuando comenzaste. Como Dios quiere hablarnos y muchas veces usa su Palabra para hacerlo, la Biblia sin duda hablará a tu vida hoy, justo donde estás.

PERSIGUE LA DIVERSIÓN

¿Tienes un versículo o historia favorito en la Biblia? ¿Cuál es?

DÍA 41

ENAMÓRATE DE DIOS

Donde está Cristo, la alegría seguirá apareciendo.
Dorothy L. Sayers

El mundo está lleno de desafíos y días difíciles. He descubierto que hay mañanas, tardes y noches en las que me pregunto por qué las cosas pueden ser tan complicadas a veces. Ya sea que eso termine en lágrimas o simplemente en un suspiro profundo, lo siento así.

Y luego, en el momento posterior, lo siguiente que me digo, el siguiente recordatorio, es que Dios es bondadoso. Dios es bueno. Un consejero aquí en Nashville comparte un mantra con sus clientes: "La vida es trágica. Dios es fiel". Eso me ayuda mucho, repetirlo una y otra vez. Me recuerda que las experiencias que estoy viviendo son humanas y que el Dios al que sigo es bueno.

Hay muchas cosas buenas sobre Dios. Es realmente muy fácil de amar. Puedes ver las huellas de Dios en cada árbol, flor, pájaro, y ser humano. Puedes escucharlo en la música, en el viento, en las tormentas, y en las conversaciones largas. Puedes sentirlo en el océano, en un abrazo, y bajo una manta pesada.

Él es amable, amoroso y cercano. Es atento, cuidadoso y real. Es misterioso y justo. Es mejor de lo que uno puede imaginar. Esto, esto de enamorarse de Dios, no es una carrera y no siempre sucede de inmediato. No tienes que pasar de conocerlo a amarlo en un instante. Pero a medida que lo vas conociendo, al leer la Biblia y aprender más sobre su personalidad (comenzar con los Salmos y el Evangelio de Juan puede ser útil), creo que terminarás amándolo. Cuando descubres cómo es Él realmente, lo mucho que se interesa por nosotros y cuán involucrado está en nuestras vidas, cuando ves su mano, escuchas su voz y te das cuenta de lo increíblemente grande que es el Creador, no puedes evitar amarlo.

PERSIGUE LA DIVERSIÓN

¿Qué palabras usarías para describir a Dios? Enumera cinco de ellas en tu diario.

DÍA 42

ENAMÓRATE DE LA SABIDURÍA

Si a alguno de ustedes le falta sabiduría, pídasela a Dios
y él se la dará, pues Dios da a todos generosamente
sin menospreciar a nadie.
Santiago 1:5

Tratar de vivir la vida en soledad es increíblemente difícil. Cuando se trata de tomar decisiones, de descubrir el siguiente paso correcto o de entender qué camino seguir, hacerlo solo es casi imposible. Por eso invitamos a otros a acompañarnos. Incluso si corremos el riesgo de parecer tontos, incluso si eso nos hace vulnerables, necesitamos la sabiduría de los demás para ayudarnos a tomar buenas decisiones.

No dejes que las decisiones te asfixien. Si estás eligiendo entre burritos y tacos, puedes hacerlo. Creo en ti.; para eso no necesitas un comité para votar. Pero en decisiones que son importantes, que implican un costo, buscar sabiduría externa te ayudará a ver y entender cosas que por ti mismo no verías ni entenderías.

La Biblia habla mucho sobre el poder de la sabiduría, sobre cuánto la necesitamos y cómo Dios la da generosamente si simplemente se la pedimos. Es una oración que yo hago casi todos los días: le pido a Dios que aumente su sabiduría en mí, que me ayude a saber lo que no sé, que ponga en mi camino las voces correctas para ayudarme a vivir cada día bien y de forma sabia.

Enamorarte de la sabiduría te ahorrará mucho dolor. Te evitará mucho sufrimiento. También te ahorrará tiempo, probablemente dinero y, sin duda, disculpas. La sabiduría no te protegerá de todo dolor ni hará que tus decisiones o tu comportamiento sean perfectos, pero sí hará que todo sea mejor.

Entonces, ¿dónde encontramos esta sabiduría de la que podemos enamorarnos? Comienza con Dios, comienza con la oración, y comienza con la Escritura. El libro de Proverbios es perfecto para esto: treinta y un capítulos, uno para cada día de los meses más largos del año. Agregar un capítulo de Proverbios a tu rutina diaria aumentará la sabiduría que hay en ti.

También podemos recibir sabiduría de las personas que nos rodean. De quienes hablan a nuestras vidas, de cuentas de Instagram en las que confiamos, de un pastor desde el púlpito o de un autor en un libro. Hay personas que saben más que nosotros. Encuentra a esas personas y permite que sus voces te ayuden a avanzar, crecer, y enamorarte de la sabiduría.

PERSIGUE LA DIVERSIÓN

¿Quiénes son algunas de las personas más sabias en tu vida? Contáctalas hoy, pide lo que necesites, ¡y dales gracias por su sabiduría en tu vida!

DÍA 43

ENAMÓRATE DE LA TRANQUILIDAD.

Toma tiempo para estar tranquilo.
Zig Ziglar

Si tú y yo somos amigos, este ensayo, este tema, probablemente ya te parezca chistoso. "¿Annie diciéndome que me enamore del silencio? ¿Annie, la amiga más ruidosa que tengo? ¡Ja, ja...!". Lo sé, lo sé. Pero para muchos de nosotros, el volumen sonoro de nuestras vidas no tiene tanto que ver con la cantidad de palabras que decimos o con lo fuerte que puede sonar nuestra voz. El volumen de nuestras vidas se define por cuánto llenamos nuestra existencia de sonidos.

Y probablemente ninguno de esos sonidos sea malo. La música es maravillosa. Me encanta escucharla, cantar con ella y sentir cada palabra, y puedes estar seguro de que si hablo con fuerza, ¡cuando canto lo hago a todo pulmón! Incluso ahora, mientras escribo estas palabras, tengo un partido de béisbol universitario de fondo en la televisión. Ese es el ruido que estoy oyendo en este momento.

Pero también he abierto las redes sociales varias veces hoy, y esas voces son ruidosas. Los pódcasts que escucho mientras me lavo la cara, el Netflix que pongo mientras preparo el almuerzo; todo es ruido. Los artículos que leo, las aplicaciones que actualizo, el calendario que mantengo, las noticias que no se detienen, el mundo que no se desacelera. Y depende de mí decidir qué tan ruidosa es mi vida.

En 2020, cuando una pandemia global detuvo el mundo, mi vida se volvió, de repente y literalmente, silenciosa y tranquila. No estaba casada ni tenía compañera de cuarto en ese momento, y sin la posibilidad de visitar o salir a cenar con amigos, mi vida se volvió solitaria. Y tranquila. Y esos primeros días fueron tristes, aterradores, y totalmente distintos a cualquier cosa que hubiera vivido antes. Pero luego apagué el televisor y saqué un rompecabezas del gabinete de mi sala. Y poco a poco, las cosas comenzaron a cambiar en mi vida.

Pasamos meses así, cada uno solo en su propia vida. Y cuando las restricciones comenzaron a levantarse y volvimos a salir al mundo, en muchas entrevistas me hicieron la misma pregunta: "¿Qué aprendiste durante la pandemia?". Y la verdad es que aprendí a amar la tranquilidad. No puedo creer que esa sea mi gran conclusión, pero lo es. La tranquilidad en mi agenda me llevó a una tranquilidad en mi vida. El silencio en mi teléfono (por decisión propia) me produjo silencio en la mente y en el hogar. Cuanto más elegía la tranquilidad, más la amaba. Más crecía. Más descansaba.

PERSIGUE LA DIVERSIÓN

¿Cómo puedes hacer que tu vida sea un poco más tranquila hoy? Toma un paso de acción hoy para aquietar alguna parte de tu vida.

DÍA 44

ENAMÓRATE DE LA LENTITUD

Los árboles que son lentos en crecer dan el mejor fruto.
Moliére

Hay algunas cosas por las que soy conocida: la diversión, mi risa escandalosa, mi amor por el fútbol, y mi total falta de autocontrol cuando se trata de Dolly Parton. Pero NO soy conocida precisamente por mi paciencia. No suelo moverme despacio, así que me vuelve un poco loca cuando las cosas a mi alrededor van lentas. Pienso rápido. Hablo rápido. Siento rápido. Tomo decisiones rápidamente.

Ir despacio no es algo natural para mí. Esperar requiere esfuerzo, y normalmente me pierdo dentro de mi cabeza, creando historias elaboradas sobre lo que podría suceder y cómo terminarán las cosas (generalmente con escenarios catastróficos o finales de cuento de hadas), lo cual me vuelve aún más impaciente.

No es que no haya cosas buenas en moverse rápido; es solo que no puedes enamorarte de la lentitud si no le das una oportunidad. Y, créeme, hay beneficios en la lentitud. Estas son algunas cosas que he aprendido sobre lo que sucede cuando bajas el ritmo:

No arruinas el esmalte de uñas recién aplicado.

Tienes tiempo para pensar.

El pastel queda perfectamente horneado: no se hunde en el centro ni se seca y se desmorona.

Notas nuevas flores en las plantas del jardín de tu vecino.

No compras cosas de las que luego te arrepientes.

Tienes espacio para escuchar cuando le preguntas a alguien: "¿Cómo estás?".

Escuchas cosas chistosas que la gente dice mientras espera en la fila del supermercado.

Los sabores se vuelven más ricos y complejos cuanto más tiempo hierve la salsa.

Puedes interactuar con la persona que te cobra en la tienda.

Te sientes agradecido por lo que tienes porque te das el tiempo de notarlo y apreciarlo.

Entiendes el verdadero valor de aquello por lo que estás esperando.

Aprender a ir más lento y a esperar bien, requiere una parte de gratitud por lo que ya tienes, una parte de esperanza por lo que vendrá, y una parte de perspectiva: por más lento que parezca todo, puedes confiar en que Dios siempre llega justo a tiempo.

PERSIGUE LA DIVERSIÓN

En este día, haz algo un poco más despacio de cómo lo harías normalmente, y observa lo que sientes diferente.

DÍA 45

ENAMÓRATE DE TU VIAJE ESPIRITUAL

El viaje de mil kilómetros comienza con un solo paso.
Lao Tzu

Crecí pensando que había una sola manera, un solo camino, una especie de guía predeterminada para tener una relación diaria con Dios. No es que alguien me lo enseñara directamente; simplemente, lo que vi y experimenté parecía indicar que existía una progresión lineal que comenzaba alrededor de los cinco años, y que el trayecto espiritual ya estaba prácticamente trazado desde entonces. Era algo así: hacer una profesión pública de fe siendo niño, bautizarte alrededor de los ocho años, ir a campamentos juveniles y volver a dedicar tu vida a Cristo cada verano, alejarte un poco en la secundaria o la universidad, casarte en cuanto te gradúes, regresar a Dios, y mantenerte involucrado en la iglesia desde ese momento en adelante.

Imagínate mi sorpresa al descubrir que no hay un camino fijo. Puedes conocer a Jesús y tener una relación real con Él tanto a los cinco años como a los cincuenta. No todo el mundo se aleja o se descontrola en la universidad (en mi caso, fueron años profundamente transformadores en los que llegué a conocer al Señor más íntimamente). No casarte a los veintitrés no significa que el plan de Dios para tu vida haya fracasado.

Tu camino con Él es tan único como tú.

Ahora bien, no me malinterpretes. SÍ creo que hay hábitos y prácticas que pueden beneficiar la relación de cualquiera con Dios, cosas como hablar con Él y escucharlo en oración, leer la Biblia, practicar el descanso del *sabbat* con regularidad, o ser parte activa de una comunidad de creyentes, pero no son obligaciones que debas marcar en una lista. Son oportunidades para conocer y ser conocido por Él, invitaciones a pasar tiempo con Él y descansar en su presencia, y maneras de confiarle tu vida.

También creo que puedes vivir una aventura con Dios al descubrir cuál es el momento del día que más disfrutas para estar con Él. Ya sea caminando en la naturaleza, escuchando música de adoración, leyendo un libro con otras personas, escribiendo en un diario o combinando varias de estas cosas, todas te ayudan a conocerlo mejor.

Del mismo modo que disfrutas hacer distintas actividades con diferentes amigos, y eso puede cambiar incluso con el mismo amigo en diferentes etapas, tu viaje espiritual con el Señor puede y debe ser único: solo de ustedes dos. Como decimos aquí en el Sur, es "de ustedes". Así que enamórate de ese viaje. Incluso si a veces es un paso adelante y catorce pasos atrás. Sigue siendo tú y Él. Y Él nunca falla ni se va.

PERSIGUE LA DIVERSIÓN

Haz hoy una cosa con Dios que te divierta hacer con Él.

DÍA 46

ENAMÓRATE DE TU CUERPO

La gente se fija en las apariencias, pero yo [el Señor]
me fijo en el corazón.
1 Samuel 16:7

De vez en cuando, cuando estoy haciendo senderismo en Radnor Lake, en lugar de concentrarme en la belleza de la naturaleza a mi alrededor, me enfoco en mi cuerpo. Comienzo por mis pies y hago como un inventario, simplemente notando todas las cosas buenas que mi cuerpo está haciendo en ese momento. Mis dedos me ayudan a mantener el equilibrio. Mis pies dan pasos y me hacen avanzar. Mis piernas son fuertes y me sostienen. Mis pulmones y mi corazón trabajan juntos para respirar, latir, y llevar todo el oxígeno y la sangre que necesito para seguir en movimiento. Mi nariz capta los aromas del bosque, mis ojos enfocan los detalles de la creación, mis oídos me dicen a qué debo prestar atención.

Esta pequeña práctica me ayuda a mantenerme agradecida. Porque, al igual que tú, estoy rodeada todos los días de mensajes sobre mi cuerpo que vienen de todas partes, y esos mensajes pueden sembrar pequeñas semillas de insatisfacción, decepción y desilusión con la forma, el tamaño, la edad, la estatura, el peso, y las capacidades de mi cuerpo. El cuerpo que tienes: es un regalo. Uno exclusivo que solo recibes una vez. Es el que tienes, y es el que te ha traído hasta aquí. Tú y tu cuerpo han llegado juntos hasta el día de hoy. No importa su tamaño, forma o habilidades, hay algo que sé con certeza sobre ti: fuiste hecho a imagen de Dios. Y Él te llama su obra maestra (lee Efesios 2:10. Y ni me hagas comenzar con todas las maneras en que esa palabra "obra maestra" se puede traducir: creación, hechura, trabajo de arte, trabajo creativo, poesía). Eres una imagen de Dios moviéndose por el mundo. ¿Qué tan estupendo es eso? ¿Sabes quién más fue así? Jesús. La Biblia dice en el Evangelio de Juan que "el Verbo se hizo carne y habitó entre nosotros" (Juan 1:14). Él tomó esa decisión con plena consciencia, por el inmenso amor que nos tiene... cuerpos y todo.

Entonces, ¿cómo se ve, de forma práctica, enamorarte de tu cuerpo? Creo que comienza por ser un buen amigo para él. Aliméntalo bien, muévelo para mantenerlo sano, dile cosas amables y llenas de gratitud, dale mucho descanso e hidratación, y tenle paciencia mientras cambia.

Como dice nuestra amiga Jess Connolly: "Tienes un buen cuerpo". Recuérdatelo todos los días (Jess estuvo en el episodio 303 del podcast *That Sounds Fun*, por si quieres escuchar más de su sabiduría).

PERSIGUE LA DIVERSIÓN

Haz un breve inventario de tu cuerpo y sé agradecido por todos los aspectos en los que es bueno.

DÍA 47

ENAMÓRATE DEL EJERCICIO

Solamente sigue nadando.
Dory, *Buscando a Nemo*

Esto es lo que NO va a ser este día: no se trata de hacerte sentir culpable, avergonzarte, ni decirte lo que "deberías" hacer en cuanto a ejercicio. No voy a decirte cuántas veces por semana deberías ejercitarte. No te voy a aconsejar sobre los tipos de ejercicio que deberías hacer. NUNCA te voy a decir que necesitas bajar de peso. No soy ese tipo de persona.

Lo que sí te diré es esto: cuidar bien de tu cuerpo y hacer cosas para mantenerte saludable y fuerte es divertido. Cuando te mueves, duermes mejor. Cuando duermes bien, tienes más energía y te concentras mejor. Eso significa que logras hacer más cosas. Y entonces, ¡tienes más tiempo (ese recurso tan escaso que nunca parece alcanzar) para divertirte!

Pero el ejercicio en sí también puede ser divertido. Hay temporadas en las que mi forma favorita de moverme es hacer caminatas en Radnor Lake. Durante la pandemia, seguí un programa para pasar del sofá a correr 5 kilómetros, lo cual me motivó y me hizo moverme de una manera diferente a la que estaba acostumbrada. Me divertí investigando el equipo necesario, siguiendo el plan, y probando cosas nuevas para ver cómo afectaban mi experiencia al correr. Jugar fútbol es una de mis maneras favoritas de hacer ejercicio, en parte por la competencia, en parte porque es una actividad en grupo, y en parte porque me conecta con mi versión más joven y con recuerdos muy lindos.

Pero tu forma divertida de ejercitarte no tiene que parecerse a la mía. ¿Qué tipo de ejercicio te suena divertido a ti? A veces, la única manera de saberlo es probando distintas cosas. ¿Te gusta moverte en grupo? Prueba una clase de zumba o de baile hip-hop (si tienes coordinación, cosa que yo tristemente no tengo). ¿Eres competitivo y te gusta que te desafíen? Una clase de *spinning* o un entrenador personal podrían ser una buena opción. ¿Tienes alma de deportista? Quizá lo tuyo sea una liga recreativa de tenis, baloncesto o fútbol. ¿Te encanta cumplir objetivos de una lista? Haz una lista de senderos o parques por visitar en tu zona y ve marcándolos.

Enamorarse del ejercicio ES posible. Solo necesitas darte la oportunidad de probar distintas cosas hasta encontrar lo que te suene divertido. Cuando lo encuentras, es más probable que mantengas el hábito. Y entonces deja de ser una obligación o una tarea más por cumplir, y se convierte en una parte divertida de tu vida.

PERSIGUE LA DIVERSIÓN

Experimenta con una actividad o un ejercicio nuevo y diferente, y comprueba si te resulta divertido.

DÍA 48

ENAMÓRATE DE LAS FRUTAS Y VERDURAS

El mejor lugar para encontrar a Dios es en un huerto.
Puedes cavar y buscarlo a Él allí.
George Bernard Shaw

¿Alguna vez has cortado, picado o rebanado una cebolla morada? Si la cebolla no me hiciera llorar ya de por sí, me conmovería hasta las lágrimas su belleza. Esos círculos concéntricos que alternan entre un color morado profundo y un blanco brillante… ¡cómo los pequeños pedazos se mantienen unidos hasta que los separas!

¿O has participado alguna vez en un concurso para ver quién escupe una semilla de sandía más lejos? ¿Has caminado por los puestos del mercado local y observaste el arcoíris de delicias vegetales, con montañas de tomates criollos, berenjenas, calabacines y pepinos apilados, y cómo las granjas y los agricultores tienen historias tan ricas que alimentan el alma tanto como sus productos alimentan el cuerpo?

Y, como nativa de Georgia ("¡Go Dawgs! ¡Sic 'em!"),* no puedo dejar de mencionar el sabor celestial que se experimenta al morder un durazno maduro de

* Nota del editor: Esa expresión es un grito de apoyo muy típico en el estado de Georgia, EE. UU., especialmente entre los aficionados de la Universidad de Georgia y su equipo de fútbol americano universitario, los Georgia Bulldogs.

Georgia comprado en el Peach Truck, y cómo el jugo se desliza por la barbilla antes de atraparlo con la servilleta (o con el dorso de la mano… como tú prefieras).

Esto es algo que aprendimos cuando nuestro amigo Simoni Kigweba estuvo en el podcast allá por enero de 2018: hay una nutrición especial que recibimos de las frutas y verduras que produce la tierra. Y hay una magia particular cuando son locales y están en temporada. Nunca lo he hecho, así que podría estar equivocada, pero me imagino que hay una verdadera sensación de satisfacción que llega muy profundo en el corazón cuando comes algo que cultivaste tú mismo con tus propias manos.

En el Edén, la jardinería fue una de las primeras cosas a las que Dios invitó a las personas. Cultivar la tierra, el ciclo de las estaciones, los beneficios de la paciencia que se necesita para hacer crecer algo, y las propiedades vitales y recíprocas que frutas y verduras nos ofrecen como seres humanos. Es simplemente hermoso. Y no quiero que te lo pierdas.

Enamórate de las frutas y verduras. Pruébalas cuando estén en temporada, prepáralas de diferentes maneras. Si prefieres las manzanas *red delicious*, dale una oportunidad a las *pink lady*. Si normalmente usas tomates de rama, prueba con tomates roma en tu próxima receta. No ignores las cerezas bing durante los cinco minutos que están en temporada. Investiga un poco sobre granjas locales, mercados de agricultores, huertos comunitarios, o programas de agricultura apoyada por la comunidad en tu zona. Cuando lo hagas, ¡te prometo que encontrarás al menos una fruta, verdura o agricultor de quien enamorarte!

PERSIGUE LA DIVERSIÓN

Haz una degustación de manzanas con amigos (es MUY DIVERTIDO). Compra distintas variedades, rebánalas, pruébalas, y que todos digan cuál fue su favorita.

DÍA 49

ENAMÓRATE DE TU HOGAR

Hogar es la palabra más hermosa que hay.
Laura Ingalls Wilder

Creo que cuando salimos en busca de diversión, en realidad estamos buscando algo más profundo: estamos buscando un hogar. Buscamos paz. Buscamos simplicidad, algo que llene ese espacio que ha quedado tras crecer, cambiar, o seguir adelante. Puede que pensemos que queremos diversión, pero lo que realmente anhelamos es el Edén.

Y aunque no podemos tener el Edén a este lado del cielo, sí podemos crear espacios en nuestros hogares que apunten hacia eso que tanto deseamos del paraíso. A riesgo de sonar como un buen predicador aficionado a los juegos de palabras, tengo tres "P" para ayudarte a enamorarte de tu hogar:

1. Paz
2. Personalidad
3. Personas

Paz: Cuando se trata del aspecto y la sensación de tu hogar, piensa en lo que te transmite paz. ¿Es un color en particular? Pinta tus paredes con ese tono que te calma. ¿Son las plantas? Consigue unas macetas de barro y ponte a sembrar. ¿Te gustan las texturas suaves o el arte visual? Llena tu casa de cojines, mantas, pufs o cuadros vibrantes o con tonos intensos.

Personalidad: En cuanto al estilo, te sentirás más a gusto cuando tu hogar refleje quién eres. Usa elementos que muestren tu autenticidad, sin importar si están de moda o no. Incluye fotos y recuerdos que te conecten con tus raíces o con momentos importantes de tu vida. Organiza tus libros por colores como hace nuestra amiga Emily P. Freeman, si eso te hace feliz. Deja que tu casa sea una extensión de lo divertido y único que hay en ti.

Nota al margen sobre el diseño del hogar: Hay obstáculos reales a la hora de crear un espacio acogedor. Inspírate en Pinterest y cuentas de diseño, pero sé fiel a ti mismo Y ten paciencia. No tienes que hacerlo todo de una sola vez. No podrás vivir en paz si te excedes financieramente. ESO, sin duda, no es divertido.

Personas: Las personas con quienes compartes tu hogar son una parte fundamental de la ecuación cuando se trata de enamorarte de él. Pueden ser tu familia, tus compañeros de casa, amigos que invitas a cenar o a ver a tu equipo favorito, o tus vecinos. La clave está en ser intencional con el ambiente y el tono que quieres establecer en tu hogar.

PERSIGUE LA DIVERSIÓN

Invita a un amigo que "capta" tu estilo a ir de compras contigo en busca de una pieza para adornar uno de tus espacios.

DÍA 50

ENAMÓRATE DEL CAMBIO

Si cambias tu modo de mirar las cosas, las cosas que miras cambian.
Wayne Dyer

Me hace un poco de gracia darme cuenta de cuántas veces digo que quiero mantenerme curiosa y dispuesta a aprender, pero luego, cuando escucho la palabra *cambio,* mi reacción instintiva es resistirme. Porque, al final, ¿no son todas esas cosas parte de lo mismo? ¿No son diferentes grados dentro de un mismo proceso? Creo que sí.

Entonces, ¿por qué nos cuesta tanto aceptar el cambio en nuestras vidas?

Una vez escuché a un pastor sabio hablar sobre esto. Dijo que hay dos tipos de cambio qué enfrentamos: el cambio que QUEREMOS hacer y el cambio que TENEMOS que hacer. Damos la bienvenida al cambio cuando es algo que deseamos, ¿cierto? Cuando es una promoción en el trabajo. O cuando por fin conseguimos la casa con la que siempre soñamos. Pero se complica cuando se trata de un cambio que sabemos que necesitamos y que no necesariamente queremos. Cambios que TENEMOS que hacer. Como cuando tu médico te dice que te vas a sentir mejor si dejas de comer cierto alimento. O cuando sabes que mudarte a otra ciudad es lo mejor para tu familia, aunque eso signifique alejarte de amigos muy queridos. Y es todavía más difícil enfrentar el cambio cuando no fue tu decisión y está fuera de tu control. Como perder un empleo o vivir la pérdida de un ser querido. Escúchame bien: te entiendo. A NADIE le gusta sentirse fuera de control.

La manera de enamorarse del cambio es confiar en el proceso. Esa es una frase que enseñan en Onsite (¿recuerdas que te lo mencioné?), un centro de terapia cerca de Nashville donde realizan talleres y programas para ayudar a las personas a vivir de modo más saludable y centrado. Confía en el proceso. Porque el cambio es, simplemente, eso: un proceso. Toma tiempo y puede ser incómodo. Requiere más de nosotros de lo que pensamos que podemos dar. Pero siempre, SIEMPRE, contiene un regalo. Hay algo valioso esperándote ahí, si tienes paciencia, si sigues explorando, si confías en el proceso.

Y la mejor noticia cuando enfrentas un cambio es que no estás solo. El Dios que te creó y te ama también ama terminar lo que comienza. Eso es lo que Pablo escribe en Filipenses 1:6: "El que comenzó en ustedes la buena obra, la perfeccionará hasta el día de Cristo Jesús". Dios comienza cosas buenas y permanece con nosotros hasta que se completan. Hasta que terminan. Hasta que están completas. Hasta que se perfeccionan. Por lo tanto, teniendo eso con eso como ancla, podemos aprender a enamorarnos del cambio.

PERSIGUE LA DIVERSIÓN

Piensa en un cambio que has atravesado y cómo creciste por medio de él. En tu diario, reflexiona en ese cambio y en otro actual que estés experimentando, y comprueba cómo puedes alentarte a ti mismo con tu propia historia.

DÍA 51

ENAMÓRATE DEL FRACASO

Nunca fracasé al crear una bombilla.
Tan solo encontré 99 maneras de no hacerla.
Thomas A. Edison

Un día estaba escuchando un pódcast en el que cuatro actores conversaban de forma relajada sobre sus carreras. Mientras la charla avanzaba sin rumbo fijo, uno de ellos dijo algo que me quedó grabado: no puedes ser bueno en algo si no estás dispuesto a ser malo en eso primero.

Creo que me identifiqué tanto con esta idea por lo mucho que he pensado en la importancia de darnos permiso para ser aficionados. ¿Recuerdas la definición de *aficionado*? Hacer algo por placer, no por razones profesionales. Admirar algo y estar dedicado a ello.

Pero enamorarse del fracaso lleva esa idea un par de pasos más allá. Si hay alegría en permitirnos ser aficionados, entonces hay libertad en permitirnos fracasar. Cada riesgo tiene una probabilidad del cincuenta por ciento de terminar en fracaso. Y me atrevería a decir que el único fracaso real y duradero es cuando dejamos de intentarlo.

El fracaso quizá no sea la ÚNICA manera de aprender, pero sin duda es una EXCELENTE forma de hacerlo. Es lo que nos ayuda a reconfigurar el cerebro para probar algo de una manera distinta la próxima vez. Nos ayuda a mantenernos humildes, recordándonos que no lo sabemos todo (ni tenemos por qué saberlo). Esa humildad nos mantiene curiosos y nos lleva a hacer preguntas como: "¿Qué podría mejorar esto?" o "¿A quién podría invitar a compartir esto conmigo?".

No te tomes demasiado en serio a ti mismo, ya sea que fallaste con una receta nueva, cometiste un error en una relación que ahora necesitas enmendar, o cualquier otra cosa en el camino. Enamorarse del fracaso es reconocer que siempre tiene algo que enseñarnos y siempre contribuye a nuestro crecimiento.

PERSIGUE LA DIVERSIÓN

Anota lo que aprendiste de la última vez que lidiaste con el fracaso. Toma un momento para ser agradecido por esa lección.

DÍA 52

ENAMÓRATE DE TUS CICATRICES

Y no solo en esto, sino también en nuestros sufrimientos, porque sabemos que el sufrimiento produce perseverancia; la perseverancia, entereza de carácter; la entereza de carácter, esperanza. Y esta esperanza no nos defrauda, porque Dios ha derramado su amor en nuestro corazón por el Espíritu Santo que nos ha dado.
Romanos 5:3-5

Tengo una cicatriz en la rodilla. Cada vez que la veo, recuerdo la historia de cómo llegó ahí. Me transporto al olor del pasto, el lodo y el sudor. Al sonido de los tacos, de las patadas, de mis compañeros y los padres gritando desde las gradas... y entonces, el silencio repentino y el suspiro colectivo cuando caí. Recuerdo el rostro borroso de mi entrenador y del fisioterapeuta del equipo ayudándome a levantarme, asegurándome que estaría bien. La lesión que causó esa cicatriz también marcó el final de mi "carrera" en el fútbol. Ahora, como sabes, solo juego por diversión.

Ese es el asunto con las cicatrices: cuentan una historia. Y aunque sea una historia de dolor, el medio y el final de esa historia hablan de sanidad. Porque el proceso de sanidad es lo que transforma una herida en una cicatriz. Eso pasa con las cicatrices físicas, pero también con las espirituales y emocionales.

El dolor que viviste en la iglesia (también he estado ahí). La traición de un amigo en quien confiabas (yo también). Esa ruptura cuando pensabas que era para siempre (no, gracias). Los sueños que no se cumplieron (¿por qué?). La pérdida de un trabajo, un diagnóstico aterrador, la decepción, un aborto espontáneo.

Tenemos la opción de cambiar nuestra perspectiva: de "las cicatrices son prueba de una herida" a "las cicatrices son una prueba de sanidad". Parece un cambio pequeño cuando lo lees sobre el papel, pero sé que en la práctica no es tan sencillo. Requiere esperanza, la creencia de que algo bueno puede salir de una situación que solamente parece mala. Requiere abrir el corazón, las manos y los ojos para intentar descubrir si podemos encontrar los regalos que trae la sanidad.

Regalos como una fuerza inesperada. Pasa el tiempo, semanas, meses, años, y miras atrás para darte cuenta de la seguridad y determinación que crecieron en ti, cosas que no sabías que tenías. O un regalo como la empatía, que te permite ver el dolor ajeno con un nivel nuevo de compasión. Y al final, la sanidad trae el regalo de la esperanza. Cuando has sido herido y has visto cómo Dios sana, tienes la certeza de que puede volver a hacerlo. Una y otra vez. Sabes que vas a estar bien.

PERSIGUE LA DIVERSIÓN

Busca oportunidades de practicar la fortaleza, empatía, y esperanza que has obtenido de tus cicatrices.

DÍA 53

ENAMÓRATE DE LAS CONVERSACIONES DIFÍCILES

Por lo tanto, esforcémonos por promover todo lo que conduzca a la paz y a la mutua edificación.
Romanos 14:19

Tuve una perrita durante seis días. Fue una conversación difícil, esa en la que tuve que llamar para decir que no podía quedármela. Verás, aunque Helen (así llamé a esta bolita de pelo, como un ángel guardián en forma de cavapoo que Dios me prestó por menos de una semana) se suponía que era hipoalergénica, nadie le avisó de eso a mi cuerpo, porque definitivamente me daba alergia. Odié tener que decir que no podía quedarse. Se sintió más profundo que una derrota o una pérdida. Me partió el corazón. Pero era la conversación correcta.

También fue una conversación difícil cuando me senté frente a mi pastor, Kevin Queen, mientras Helen dormía en su regazo, y procesamos por qué tenía que tener esas conversaciones difíciles. Qué estaba aprendiendo, tal vez, por medio de ellas. Qué había al otro lado de esas conversaciones tan duras.

Él dijo: "Creo que esto es una prueba de parte de Dios. No para que Él vea si la pasas, sino para que tú veas si puedes. Tal vez necesitabas saber que puedes amar así. Tal vez necesitabas ver que estarías dispuesta a sacrificar tiempo, dinero y sueño por alguien a quien amas más que a ti misma". Lo que dijo no fue difícil porque fuera cruel o hiriente, sino porque era verdad. Era muy cierto, y tocaba una herida que sentía muy adentro, una que, sinceramente, necesitaba sentir.

Tener conversaciones difíciles es justamente eso: difícil. Pero lo que viene después, casi siempre, vale la pena. Está bien si se siente incómodo. Es una buena idea escribir o practicar lo que quieres decir. Es sabio orar por la conversación y por los corazones de quienes estén involucrados. Y es un acto de fe confiar en que hay algo bueno al otro lado de todo eso.

Por eso tiene sentido enamorarse de las conversaciones difíciles (y viniendo de tu amiga Annie F. Downs, Tipo Siete en el Eneagrama que evita las emociones complicadas siempre que puede, eso ya es mucho decir).

PERSIGUE LA DIVERSIÓN

¿Has estado evitando una conversación difícil? En ese caso, propíciala. El bien que llega del otro lado siempre vale la pena.

DÍA 54

ENAMÓRATE DE SER GUIADO

Sométanse unos a otros, por reverencia a Cristo.
Efesios 5:21

La manera de enamorarse de ser guiado es comenzar eligiendo bien a quién seguir.

Cuando tu amigo, el que organiza la cena del grupo, está atento a lo que es mejor para todos, no hay estrés en dejarte llevar. Sabes que no va a escoger un restaurante que sirva exclusivamente mariscos, que LITERALMENTE podrían matar a Allison.

Cuando tu jefe tiene integridad y humildad, es un gusto sumarte a proyectos desafiantes y presentarte a trabajar con entusiasmo en tu rol. Sabes que puedes confiar en su criterio y en su interés por el bien del equipo y de la empresa.

Cuando tú y tu cónyuge se anteponen mutuamente, es un placer someterse el uno al otro (sí, lo dije. La palabra con "S". Aún no estoy casada y no he vivido eso de la sumisión mutua en el matrimonio, ¡pero dicen que es una manera estupenda de que las cosas funcionen!). Incluso cuando la decisión final no es la que querías al principio, confías en la opinión de tu cónyuge y sabes que tus intereses son altamente valorados.

Y, como Jesús es verdadero, lleno de gracia, compasión y fidelidad, seguirlo a Él es la mejor manera de caminar por la vida. Sabes que solo te llevará a lugares que forman parte de su buen plan para ti.

Casi puedo escuchar las objeciones: "Sí, Annie, pero si supieras cómo es mi jefe...". Si ese es tu caso, aún puedes encontrar maneras de seguir bien sin comprometer tus valores. Puede que haya un regalo para ti en ello.

Tal vez estás en la afortunada posición de poder elegir a quién seguir. Te animo a elegir con la mayor sabiduría posible. Ya sea en amistades, trabajos o relaciones, enamorarse de ser guiado comienza por decidir a quién vas a seguir. Y por si no lo dejé claro: nunca te vas a equivocar al seguir a Jesús. Es el mejor líder que hay.

¿Sabes qué más es increíble acerca de dejarte guiar? Que tu corazón puede descansar de una forma que rara vez es posible de otra manera. Puedes exhalar y estar tranquilo, sabiendo que estás siendo cuidado. Hay paz y hasta diversión en no sentirte obligado a ser quien siempre tiene que saber más, tomar la decisión final, o cargar con el peso de las consecuencias. Déjate guiar.

PERSIGUE LA DIVERSIÓN

Si hay alguien en tu vida que te esté guiando bien, déjale saber cuán agradecido estás.

DÍA 55

ENAMÓRATE DE LA RISA

El corazón alegre es un buen remedio,
pero el ánimo decaído seca los huesos.
Proverbios 17:22

¿Recuerdas esa escena en la película *Mary Poppins* cuando Mary, Burt y los niños Banks se unen al Tío Albert para una merienda en el tejado? Ya estás cantando la canción, ¿verdad? "¡Me encanta reír, fuerte, largo y claro!". El combustible de esa escena tan increíble y de esa canción tan inolvidable fue la risa (y un poco de magia cinematográfica).

Una de las cosas que más me gustan de la risa es lo contagiosa que es. ¿Sabes a qué me refiero? Intenta mantener la cara seria cuando alguien a tu lado se ríe a carcajadas. O trata de hacerle cosquillas a tu hijo con el ceño fruncido. O piensa en cómo una risita de un bebé hace que muchos de nosotros terminemos riendo también.

¿El mejor sonido del mundo? La risa de los niños. Esa era una de las respuestas más comunes cada vez que James Lipton hacía esa pregunta en sus entrevistas de *Inside the Actor's Studio*. Y también es uno de los pensamientos que también yo tengo a menudo. Creo que es por lo pura, libre e inocente que nos hace sentir la risa.

Reír libera tensiones y alivia el estrés. El humor compartido nos conecta con los demás. Esa es la belleza de un buen chiste interno.

La risa nos obliga a respirar profundamente, lo cual es bueno tanto físicamente como emocionalmente. Incluso si eres una persona seria. No importa si eres introvertido, empático, o tienes una personalidad muy filosófica. Todos necesitamos una buena risa de vez en cuando. Tal vez incluso más si no es algo que te sale de manera natural.

Y, especialmente si estás atravesando momentos difíciles, lidiando con mucho estrés o en una etapa de duelo, la risa podría ser precisamente el remedio que tu corazón necesita. Buscar (o incluso crear) momentos de ligereza no es una traición (ni una forma de evasión o escapismo) de la situación difícil que estás viviendo y del proceso que merece. Es el balance que necesitas, la medicina que te ayuda a seguir adelante.

PERSIGUE LA DIVERSIÓN

Escucha un pódcast de comedia o mira un programa especial de comedia en tu plataforma favorita. ¡Ríe con propósito hoy!

DÍA 56

ENAMÓRATE DE ANIMAR A OTROS

La corrección hace mucho, pero el ánimo hace más.
Johann Wolfgang Von Goethe

Hace unos años atrás, hubo una temporada en la que estuve muy involucrada en el ministerio universitario de mi iglesia, y el Señor quiso que desempeñara el papel de hermana mayor para un GRUPO increíble de chicos universitarios. Resultó que todos eran parte del equipo de béisbol de la Universidad de Vanderbilt, en Nashville. Y me convertí en su FAN PARA TODA LA VIDA.

Mi amistad con ellos prendió en mí una alegría nueva por animar a otras personas. Cuando su temporada iba muy bien, sentía que tal vez les había dado un poco de impulso con todos los gritos de ánimo que les lanzaba desde las gradas. Y cuando las cosas no iban tan bien, podía recordarles quiénes eran, lo que realmente importaba, y cuán resilientes sabía que eran. Fue muy divertido poder hacer eso mientras jugaban. Pero fue aún más divertido (y todavía lo es) animarlos fuera del campo.

Incluso después de que se graduaron y se mudaron a distintas partes del país, seguíamos leyendo libros juntos y hablábamos sobre ellos. Orábamos juntos. Hasta la fecha, nos reunimos a cenar cuando estoy en sus ciudades o ellos en la mía. Y todavía puedo darles un pequeño empujón. Celebrar con ellos. Recordarles quiénes son.

Esto me hace pensar en cuán divertido es celebrar a las personas y celebrar CON ellas. Verás, a veces sentimos la tentación de creer que cuando otros reciben bendiciones en sus vidas, habrá menos para nosotros. Algunos amigos me preguntan cómo puedo alegrarme de verdad cuando otra persona recibe algo por lo que yo también he estado orando. Y mi respuesta es la siguiente: esa es SU respuesta a SU oración. Yo no estoy orando por las oportunidades de alguien más. Cuando mi amiga Emma se comprometió con mi otro amigo Eli, me sentí feliz por ellos sin ninguna condición. Porque por muy genial que sea Eli, yo no quiero estar comprometida con el futuro esposo de Emma. Yo quiero estar comprometida con MI futuro esposo.

Una de las cosas más asombrosas de Dios es cuán ilimitado es. Cuán suficiente. Tiene más que suficiente bendición para todos. Un modo mejor de decirlo es: ÉL ES más que suficiente bendición para todos. Él es más que suficiente para mí. Es más que suficiente para ti; por lo tanto, enamórate de animar a otros. ¡Ten siempre listos los lanzadores de confeti! (¡TÚ SABES que yo sí los tengo!).

PERSIGUE LA DIVERSIÓN

Anima a alguien hoy.

DÍA 57

ENAMÓRATE DE ALGUIEN

Pero esperar lo que ya se ve no es esperanza.
¿Quién espera lo que ya ve?
Romanos 8:24

Hay muchos mitos allá afuera sobre enamorarse. Están en todas las canciones. Las comedias románticas y las películas de Hallmark con las que crecimos nos dicen que podemos esperar que nuestras vidas van a desarrollarse igual que las de esas encantadoras protagonistas y esos galanes perfectos.*

Quiero creer que dos personas pueden encontrarse contra todo pronóstico.

Quiero creer que un encuentro sorprendentemente casual y mágico está en mi futuro.

Quiero creer que cuando su enorme cadena de librerías amenace con cerrar mi pequeña librería de barrio, el amor verdadero nacerá de nuestra relación por correo electrónico.

Quiero creer en los finales felices.

---

* No quiero decir que no debas escuchar canciones románticas ni ver películas de amor. ¡Hazlo si las disfrutas! Yo lo hago. Solo asegúrate también de decirte la verdad, buscar consejo sabio, y estar abierto a posibilidades que no encajen en los relatos culturales que nos han enseñado.

Tal vez tú también lo haces. ¿O quizá fuiste herido o decepcionado en relaciones anteriores? ¿O tal vez no tienes mucha experiencia en el mundo de las citas y todo eso te da mucho miedo?

Pues bien, antes que nada, SÍ da miedo. Todas las cosas nuevas dan miedo. Segundo, muchos de nosotros estamos caminando con la herida de la decepción porque las cosas no han salido o no están saliendo como esperábamos. Y, tercero, todos queremos creer en los finales felices.

Pero ¿quiénes somos sino un grupo valiente de amigos que sabe mirar de frente algo que da miedo, sabe recordarse que no está solo, y se permite ser aficionado mientras da pasos valientes hacia adelante?

Tal vez lo primero que necesitamos hacer es hablar con Dios sobre nuestras esperanzas. Podemos contarle el tipo de persona que anhelamos conocer. Si no he aprendido nada más en los últimos meses, estoy segura de esto: Dios nos escucha cada vez que oramos. Y le importan los detalles de nuestra vida.

Y luego, tal vez necesitemos escucharlo a Él sobre cómo nos ve. Eso nos ayuda a recordar lo que es verdad sobre nosotros y sobre Él. Como el hecho de que fuimos hechos a su imagen, que Él siempre está con nosotros, que tiene buenos planes para nuestra vida. Recordar estas verdades nos ayuda a entrar en nuevas situaciones con más confianza.

Y, por último, digámosle a Él y a nosotros mismos: "Estoy abierto a conocer a alguien hoy".

PERSIGUE LA DIVERSIÓN

Mírate en el espejo y di en voz alta:
"Estoy abierto a conocer a alguien hoy".

DÍA 58

ENAMÓRATE DE TUS AMIGOS

Ni siquiera puedo imaginar dónde estaría yo hoy si no fuera por ese puñado de amigos que me han dado un corazón lleno de alegría. Seamos sinceros: los amigos hacen que la vida sea mucho más divertida.
Charles Swindoll

Jamás podría haber imaginado ni esperado cómo resultarían las cosas aquel día en que esperé con unas amigas fuera de la puerta del teatro del Tennessee Performing Arts Center, con la esperanza de conocer a algunos miembros del elenco de *Wicked*. La historia que Dios decidió escribir fue mejor de lo que yo podría haber soñado.

El espectáculo fue mágico. Estaba fascinada, no solo por la historia y el talento, sino también por la conexión y la química tan evidente entre las actrices que interpretaban a Glinda y Elphaba. Así que decidí que quería ser amiga de ellas. Y como son personas encantadoras, divertidas y generosas, Mary Kate y Ginna Claire me abrieron su pequeño círculo y me recibieron con cariño.

Desde entonces nuestras vidas han cambiado. Cada una ha enfrentado grandes desafíos, algunas tristezas, experiencias maravillosas y sueños cumplidos. Y aunque no vivimos en las mismas ciudades, tenemos trabajos muy distintos, y nuestros orígenes no podrían ser más variados, hemos caminado por todas esas etapas JUNTAS.

Ginna Claire tiene una dulzura soñadora y una amabilidad que la definen. Mary Kate es chispeante y sincera. No es difícil notar esas cualidades, porque simplemente son parte de quienes ellas son. Y quienes son me inspiran a apoyarlas, animarlas y quererlas bien.

Trato de notar esas cosas en todos mis amigos, para poder resaltar lo mejor de ellos cuando necesiten un poco de aliento. Mi amiga Jenn lleva el cuidado personalizado por las personas a otro nivel. Mi amigo Jon dice la verdad de una manera que me hace pensar desde nuevas perspectivas, mientras me siento comprendida, conocida y querida. Mi amiga Kelley tiene un entusiasmo desbordante, contagioso, generoso y cálido. Mis amigos Annie y Dave son familia para mí (de verdad, tipo "contacto de emergencia"), y Dave me hace reír más que casi cualquier otra persona en el mundo.

Tal vez tu círculo de amigos sea enorme, o quizá es pequeño. No importa. Fíjate en lo que hace únicos a tus amigos. Enamórate de ellos como personas. Cultiva tus amistades con tiempo, intención, constancia, y palabras de aliento. Enfoca tu luz sobre ellos y hazles saber por qué son importantes en tu vida.

PERSIGUE LA DIVERSIÓN

Dile hoy a uno de tus amigos por qué le aprecias. Tal vez en un mensaje de texto, o quizá con una nota manuscrita, al teléfono, o en persona.

DÍA 59

ENAMÓRATE DE TUS SUEÑOS

Cuando el Señor hizo volver a Sión a los cautivos,
nos parecía estar soñando. Entonces nuestra boca se llenó de risas;
nuestra lengua, de canciones jubilosas.
Salmos 126:1-2

A simple vista, animarte a que te enamores de tus sueños puede parecer un poco innecesario. Si no los amaras ya, no serían tus sueños. Ya sea que tu anhelo sea una relación, convertirte en madre o padre, comenzar una organización sin fines de lucro o escribir un libro, tus sueños forman parte de la huella única que tu historia deja en el mundo. Y eso realmente importa.

Por lo tanto, probablemente ya amas tus sueños. Pasas tiempo pensando en ellos. Imaginas escenarios y consideras los "qué pasaría si". Pero la manera de hacer realidad esos sueños es ir más allá de las mariposas del primer encuentro y entregarte por completo. Enamorarte de tus sueños no es un sentimiento. Es un compromiso. Implica tomar decisiones y actuar. Implica riesgos, ensayo y error, y darte permiso para ser aficionado, pero también requiere determinación y constancia.

Aquí tienes un par de ideas que creo que pueden ayudarte:

Escucha consejos, pero no los de todo el mundo. Reduce el número de voces que pueden opinar sobre lo que haces con tus sueños a unas pocas personas sabias que, con el tiempo, hayan demostrado que están de tu lado y que están dispuestas a decirte la verdad. Las personas que están contigo pero que temen decirte cosas difíciles son excelentes para animarte. Las necesitas; pero tienden a ser personas que siempre dicen "sí", así que también hay que tener eso en cuenta. Las personas que dicen cosas difíciles pero no están contigo son los críticos cuya voz suele sonar más fuerte de lo que debería en nuestras vidas. Puede que te enojen lo suficiente como para impulsarte por un rato, pero no es el tipo de combustible que necesitas para perseguir tus sueños en el largo plazo.

Comprométete, pero mantén una actitud abierta. Dios nos da nuestros sueños, los inspira o abre puertas para que los sigamos. Y si confiamos en que Él plantó esas semillas de sueños en nosotros, debemos confiar también en cómo Él decide hacerlas crecer... o no. Porque puede cerrar puertas o redirigir nuestros caminos. Por más inestable que se sienta cuando eso ocurre y no entendemos por qué, nuestra historia con Él nos recuerda que podemos mantener nuestras manos abiertas con respecto a nuestros sueños, porque Él nos ama y sabe lo que es mejor para nosotros.

Por lo tanto, enamórate de tus sueños. Y enamórate también de los desvíos por los que Dios te lleva mientras te comprometes con ellos y los persigues.

PERSIGUE LA DIVERSIÓN

Da un paso hoy hacia uno de tus sueños. Podría ser decirlo en voz alta a alguien, redactar un plan, o pedir un consejo sabio. Simplemente da un paso.

DÍA 60

ENAMÓRATE DE TU CIUDAD

Además, busquen el bienestar de la ciudad adonde
los he deportado y pidan al Señor por ella, porque el bienestar de
ustedes depende del bienestar de la ciudad.
Jeremías 29:7

Recuerdo cuando decidí que no me iba a ir de Nashville. El año en que me mudé aquí, prácticamente contaba los días para poder irme. Pensaba que solo me tomaría un poco de tiempo arrancar mi carrera y luego regresaría a mi ciudad natal en Georgia. Mi dentista seguía allá, un depósito con mis muebles también seguía allá, y mis mejores amigos y mi familia aún vivían allá.

Pero entonces, un día cualquiera, comencé a preguntarme cómo sería mi vida en Nashville si no tuviera un plan de escape. Si subía esas últimas cajas, buscaba un nuevo médico y un nuevo dentista, y comenzaba a invertir en mis amistades como si este fuera el lugar donde viviría el resto de mis días. ¿Qué cambiaría? ¿Realmente mi vida y mis experiencias serían distintas si me enamorara de mi ciudad?

Sí, todo cambió para mí.

De veras. Y sí, también cambiará para ti.

Cuando te enamoras de tu ciudad y no solo de tu calle o tu vecindario, sino de cada rincón de ella, tu compasión crece. Tu cuidado e interés por tus vecinos se expande. Comienzas a notar cosas: como un restaurante que cierra o una cafetería que abre. Te das cuenta de qué familias están siempre en el parque después de ir a comprar al mercado, y notas cuando tu dependiente favorito ya no trabaja en la tienda de regalos de la esquina. Simplemente ves más cuando estás comprometido con un lugar.

Las iglesias te importan. No solo la que tú frecuentas, sino todas ellas. Porque amas tu ciudad, quieres verla florecer. Una de las cosas que hablamos mucho en Nashville es que si todas las personas que no van a la iglesia decidieran asistir un domingo en la mañana, ¡no habría suficientes sillas para todos en las iglesias de la ciudad juntas! Entonces ¿no querríamos que a todas las iglesias les vaya bien?

Y cuando amas tu ciudad, las personas en situación de pobreza o vulnerabilidad te importan más, porque deseas que todos prosperen. Así que tus decisiones son diferentes, y también lo es la manera en que sirves, porque amas tu ciudad.

Por lo tanto, disfruta de los restaurantes, de los parques, y de los eventos. Eso te ayudará a querer el lugar donde vives. Pero es algo más profundo, algo del corazón, algo que se trata de permanecer, lo que hará que ese compromiso de amar tu ciudad realmente valga la pena.

PERSIGUE LA DIVERSIÓN

¿Qué es lo que más te gusta del lugar donde vives? Quizá hoy sea un buen día para dar otro paseo por ese lugar que llamas hogar, o para probar un nuevo restaurante o visitar una tienda nueva.

DÍA 61

ENAMÓRATE DE TU HISTORIA

Yo soy una pequeña pluma en la mano de un Dios que escribe y que está enviando una carta de amor al mundo.
Madre Teresa

Cuando era maestra, me tocó enseñar a mis alumnos de quinto grado una unidad sobre las partes de una historia. Una buena historia tiene un inicio, un desarrollo y un final. Pero todos sabemos que es más complejo que eso, ¿no es cierto? Está el escenario, los personajes, el conflicto y la resolución.

Tu historia, la que estás viviendo ahora mismo, también tiene todas esas partes. Tu vida tiene un escenario. La ciudad donde vives, tu comunidad, tu vecindario, el hogar en el que estás instalado, todos tienen una personalidad propia, y básicamente son personajes en tu historia. Luego están los personajes reales: tus amigos, tu familia, tus compañeros de trabajo, tus compañeros de clase. Las personas con las que interactúas, a las que puedes influenciar, amar, y de las que puedes aprender. Y supongo, basándome en el simple hecho de que eres un ser humano que vive en el planeta Tierra, que tu historia también tiene conflicto.

Es curioso cómo, incluso en quinto grado, podemos comprender y apreciar que una buena historia no solo *tiene* conflicto, sino que realmente *necesita* conflicto. Es lo que hace que los personajes se vuelvan más complejos, lo que los hace cambiar y crecer. Es lo que hace que la historia sea interesante.

Quiero decir: ¿quién quiere leer *Orgullo y prejuicio* sin todo el... bueno, orgullo y prejuicio que ocurre entre Elizabeth y el Sr. Darcy? ¡Yo no! ¿Y qué clase de película es *Tienes un e-mail* si Kathleen Kelly y The Shop Around the Corner no tuvieran que enfrentarse al gran y temido minorista Fox Books? Aburrida, eso es lo que sería.

Ya sea que estés enfrentando el tipo de conflicto de "todavía no tengo lo que quiero, así que intento esperar con paciencia", o el de "trabajo con un jefe muy difícil pero quiero avanzar en mi carrera", o el de "tengo una pasión más grande que yo y no sé qué hacer con ella" (o cualquiera de los miles de otros tipos), solo recuerda que esas partes de la historia existen por muy buenas razones. No siempre podemos verlo en el momento, pero el Autor de tu historia tiene buenos planes para ti. Te creó CON un propósito, PARA un propósito.

Así que puedes enamorarte de tu historia porque conoces y puedes confiar en el Autor. Él escribe historias REALMENTE buenas. Y está escribiendo una contigo.

PERSIGUE LA DIVERSIÓN

Haz una lista del escenario, los personajes principales, y los principales conflictos de tu historia en este momento. Pídele al Autor que te dirija, te guíe y te bendiga a medida que continúa escribiendo tu historia.

DÍA 62

ENAMÓRATE DE TUS PASATIEMPOS

Un pasatiempo al día aleja la melancolía.
Phyllis McGinley

Cuando conozco a nuevas personas, a menudo trato de encontrar maneras creativas de evitar esas primeras preguntas típicas como: "¿de dónde eres?" y "¿a qué te dedicas?". Aunque SÍ me gusta saber de dónde es la gente, porque inevitablemente he estado allí o conozco a alguien de ese lugar, y me encanta hacer conexiones así. Y SÍ es interesante saber en qué trabaja alguien. Esa es una de las maneras en que nuestros amigos están ayudando a reconstruir el mundo: con el buen trabajo que hacen.

Es solo que esas no son las ÚNICAS cosas que importan sobre una persona, y hay ciertos patrones y tentaciones en nuestra sociedad que hacen que nos resulte fácil definirnos únicamente por lo que hacemos como trabajo. Tampoco quiero hacer suposiciones sobre la vida de los demás. Y hay MUCHAS maneras en que las personas ocupan su tiempo sin recibir pago por ello. Cosas realmente valiosas y significativas. Por eso me gusta hacer preguntas como: "¿Cómo pasas tu tiempo?" y (prepárate...) "¿Qué te parece divertido?", porque sus respuestas ayudan a tener una visión más completa de quiénes son y qué es importante para ellas.

Aquí va un pequeño secreto, uno que estoy tratando de dejar de ver como un misterio: lo que haces por diversión IMPORTA.

No solo importa porque te ayuda a conectar con otras personas (aunque sí lo hace).

No solo importa porque es bueno para tu cuerpo y tu mente (aunque lo es).

No solo importa porque evita que pases horas deslizando la pantalla sin pensar (REPITE CONMIGO: "¡Deslizar no es un pasatiempo!").

Lo que haces por diversión importa porque hace que tu corazón cobre vida y te permite ser plenamente TÚ. Cuando eres plenamente TÚ, eres como un pedacito del Edén caminando, hablando e interactuando en el mundo.

Por lo tanto, enamórate de tus pasatiempos. No solo pruebes un poco. Dedica tiempo. Compra el equipo (cuando hayas hecho presupuesto y sea responsable hacerlo). Invierte en clases. Cuéntaselo a todos. Invita a otros a participar. ¡ENAMÓRATE de tus pasatiempos y entrégate por completo!

PERSIGUE LA DIVERSIÓN

Da un paso práctico hacia enamorarte de uno de tus pasatiempos esta semana.

DÍA 63

ENAMÓRATE DE TU VIDA

Cuando termine, quiero poder decir: toda mi vida
fui una novia casada con el asombro.
Mary Oliver

La pregunta que más me hacen, más que cualquier otra, es esta: "Si pudieras darle un solo consejo a tu yo más joven [o a alguien de veinte, treinta años, o a un estudiante universitario], ¿cuál sería?". Sin dudarlo, mi respuesta es esta: *enamórate de tu vida*.

Enamórate de tu vida. Enamórate de ella cuando estás en la universidad. Enamórate de ella cuando tienes veintitantos. Ámala cuando tengas treinta, cincuenta, ochenta. Enamórate de la vida de soltero, de la vida en pareja, de la vida como mamá. Enamórate de tu vida.

Verás, siempre habrá cosas que *deseas*. Y siempre habrá cosas que ya *tienes*. En distintas etapas de tu vida, muchos de tus deseos se convertirán en lo que ya tienes. El trabajo, la relación, la casa, la seguridad. Y luego llegarán nuevos deseos.

A veces, las cosas que tienes serán agotadoras, aterradoras o incómodas. Como cuando llegan los exámenes finales o cuando una personita ha dicho tu nombre cuatro mil veces en cinco minutos. A veces serán emocionantes y te dejarán sin aliento. Como cuando por fin viajas al país que siempre soñaste visitar o cuando le dices "sí, acepto" a la persona con la que quieres pasar tu vida.

Algunas veces, lo que deseas te romperá el corazón o te hará esperar mucho tiempo. Como esa oportunidad laboral que no conseguiste o esas dos rayitas azules que no aparecieron en la prueba.

Siempre habrá cosas que deseas y siempre habrá cosas que ya tienes.

Con esa verdad como base, aún podemos elegir amar nuestra vida. Ver las cosas que tenemos como oportunidades para agradecer, para crear, para cuidar, para conectar y amar; ¿hay algo más divertido que eso? Y ver las cosas que deseamos como oportunidades para tener esperanza, para confiar en que Dios tiene un plan para nuestra vida, para mantener la curiosidad y seguir soñando. ¡Eso también es divertido! Sé que es un tipo diferente de diversión, pero ¿quién dijo que solo podemos tener un tipo?

PERSIGUE LA DIVERSIÓN

Haz una lista de cosas que tienes y cosas que deseas. Dale gracias a Dios por lo que tienes y pídele concretamente lo que deseas (y la fuerza para confiar en Él ante sus respuestas).

DÍA 64

ENAMÓRATE DE TI MISMO

Ah, soy muy inadecuada. ¡Y me amo a mí misma!
Meg Ryan

Estoy trabajando en enamorarme de mí misma. Sé que eso puede sonar raro, a menos que ames a Lizzo como yo, y entonces SABES que tú eres tu propia alma gemela. Pero, durante demasiado tiempo, he dejado que lo que siento por mí dependa de lo que *tú* sientes por mí. O, siendo más honesta, de lo que él siente por mí, sea quien sea el "él" del momento. La falta de amor propio se ha vuelto algo tóxico para mí.

Hace poco hablé con una amiga sobre cómo estoy cambiando la forma en que me veo a mí misma. Esas inseguridades tóxicas, las historias falsas (pero RUIDOSAS y bastante crueles) que me cuento sobre por qué debería dudar de mí misma y a quién debería parecerme más, no son problemas que se resuelvan con casarse o tener a un hombre en mi vida. Porque sé que mis inseguridades mientras busco a un hombre no desaparecerán cuando lo encuentre; simplemente cambiarán de forma. Pueden parecer nuevas versiones o sonar como nuevas dudas, pero siguen siendo las mismas toxinas de siempre. Botella nueva, mismo veneno.

La mejor forma que conozco de enamorarte de ti mismo es decirte cosas verdaderas sobre ti. Pero para eso necesitas estar conectado a una fuente de verdad que te mantenga ese flujo constante de verdad disponible siempre. Por eso es tan importante pasar tiempo leyendo la Biblia. Es la mejor manera de mantenerte conectada con lo que Dios dice sobre ti, lo que Él siente por ti, lo que es verdadero sobre ti.

Lo que Él dice sobre ti es que eres una obra maestra. Eres amado. Él se deleita en ti. Eres perdonado. Eres una obra en proceso. Él te ha llamado por tu nombre y le perteneces. Tiene un plan para ti (y es bueno). Eres portador de su imagen.

Cuando nos decimos la verdad, se vuelve cada vez más fácil creerla. Ahora bien, no estoy diciendo que debamos halagarnos sin razón ni fingir que no hay cosas en las que necesitamos cambiar y crecer. La imperfección es parte de ser humano. Reconocer esas partes imperfectas de ti (sin llenarte de vergüenza) y decidir amarte de todas formas, tal como lo hace Dios, probablemente sea el acto más sagrado de enamorarte de ti mismo. Tal vez tengas que hacerlo un poquito cada día, yo lo hago, pero eso te preparará maravillosamente para amar a Dios, a los demás y a ti mismo desde lo más profundo de quien eres.

¡Y eso suena DIVERTIDO!

PERSIGUE LA DIVERSIÓN

Menciona cinco cosas que son verdad y buenas sobre ti mismo.

DÍA 65

ENAMÓRATE DE LA DIVERSIÓN

Nunca pierdo de vista que solo existir es divertido.
Katharine Hepburn

¿Recuerdas la escena de *Sonrisas y lágrimas* cuando la señorita María se lleva a los niños von Trapp a recorrer el campo con ropa de juego que les cosió a partir de unas cortinas viejas? Cantaron, hicieron picnic, se subieron a una canoa, treparon árboles. Fue una experiencia totalmente opuesta a la manera rígida en que su padre solía manejar la casa. Y se nota. Se ven tan ligeros, libres, alegres, vivos. ¿Cómo eran tan buenos esos niños actores?

Tengo una teoría: era la ropa de juego.

Ropa de juego. De niña, aunque me encantaba ir a la iglesia (¡mis amigos estaban allí, así que claro que me encantaba! #SiempreAnnie), SÍ ponía un poco de resistencia los domingos en la tarde cuando mi mamá me llamaba para que regresara, me decía que me cambiara la ropa de juego, y nos íbamos de nuevo al servicio de la noche. Las cosas simplemente son mejores cuando puedes hacerlas con ropa de juego, ¿no es cierto?

Es la libertad de los "pantalones de mentira" (así los llamaba cuando contaba los días en que usaba pantuflas o zapatos y pantalones reales o pantalones de mentira durante la cuarentena en 2020).

La ropa de juego nos da lo mismo que nos da la diversión. Sensación de ligereza, comodidad, libertad. Como si pudiéramos movernos por el mundo sin restricciones y sentarnos con las piernas cruzadas si queremos. ESO es lo que la diversión hace por nosotros. Y por eso necesitamos hacer espacio y tiempo para divertirnos todos los días. Puede ser tan simple como sonreír y mirar a alguien a los ojos. Pasar tiempo con amigos. Salir al aire libre. Tal vez escoger un pódcast de comedia para escuchar o seguir una cuenta de memes chistosos en redes sociales. Una amiga mía publica cosas divertidas que encuentra en el internet cada domingo como una pequeña colección, y no es broma, ¡la espero cada semana y me río en voz alta cuando veo sus historias!

Divertirse no es frívolo ni irresponsable. No es inmaduro ni improductivo. Es bueno, amable, puro y necesario. Enamórate de la diversión.

PERSIGUE LA DIVERSIÓN

Mira tu calendario y encuentra la actividad que más te guste. Concédete permiso para soñar despierto con eso por unos cinco minutos al día hasta que llegue el momento de hacerlo.

Me gustaría oírte hablar sobre cómo los pasatiempos son adoración, porque en mi opinión pueden serlo.
Jess

¡Ni siquiera sé por dónde comenzar para encontrar un pasatiempo!
Kayla

¿Cómo encuentro un pasatiempo sostenible sin sentirme culpable cuando ya no me sirva?
Rebekah

¿Algún consejo para explorar nuevos pasatiempos?
Lauren

¿Cómo puedo participar en un pasatiempo con amigos?
Joy

¿Varían los pasatiempos con las generaciones?
Sara

¿Cuál es un modo tangible de que un pasatiempo lo siga siendo y no se convierta en una tarea?
Kylie

¿Cuál es tu mejor consejo para encontrar tiempo para divertirte con niños?
Lauren

¿Cuál es la fuerza impulsora tras la cultura de la alegría y la diversión?
Hilary

ENCUENTRA UN PASATIEMPO

DÍA 66

¿QUÉ ES UN PASATIEMPO?

Si estás perdiendo tu tiempo libre, ¡cuidado!
Puede que estés perdiendo tu alma.
Logan Pearsall Smith

Mis amigas y yo nos apretujamos en un ambiente privado en Virago, un elegante restaurante de sushi en Nashville al que me encanta ir para ocasiones especiales. Éramos ocho en total. Esta ocasión en particular fue unas semanas después de mi cumpleaños, pero como había estado fuera el día exacto, esta era mi noche de celebración con las chicas. Nuestra conversación iba rápida y a la vez se desviaba en mil direcciones, pero en algún momento saqué el tema de los pasatiempos. Les pregunté si tenían alguno.

En este grupo somos mamás, esposas, novias, amigas. Somos empleadas y jefas. Dueñas de casa y arrendatarias. Algunas vamos a la iglesia, otras no tanto. Pero esa pregunta nos dejó en silencio a todas.

Nadie tenía una respuesta. Nadie tenía un pasatiempo. Era como si todas hubiéramos olvidado que tener pasatiempos era una opción, pero al comenzar a recordar... sí, queríamos uno.

Salieron cosas que nos hacían sentir que recordábamos el Edén. Cosas como...

jardinería

cocinar

cantar

pescar

Por definición, un pasatiempo es una actividad "que se realiza regularmente en el tiempo libre por placer".* Suena bastante simple, ¿verdad?

Regularmente significa que tiene cierto ritmo. Tal vez no lo hagas todos los días, pero es algo a lo que regresas.

En el tiempo libre implica que mantenemos una parte de nuestro calendario y de nuestro corazón libre, disponible para la alegría, la espontaneidad, lo intencionalmente improductivo.

Por placer es simplemente darte permiso para hacer algo solo porque lo disfrutas. Si es divertido para ti, es divertido. Punto. Por alguna razón, tengo que recordarle eso a la gente con bastante frecuencia.

Así que te haré la misma pregunta que les hice a mis amigas alrededor de esa mesa llena de cáscaras de edamame y platos de sushi: ¿Tienes un pasatiempo? ¿Algo que hagas regularmente en tu tiempo libre por placer? Si la respuesta es no, veamos por qué. Y, aún mejor, ¡veamos cómo podemos cambiar esa respuesta a un rotundo sí!

PERSIGUE LA DIVERSIÓN

¿Cuál es tu pasatiempo?

* Lexico Oxford Dictionary, s.v. "hobby", consultado en línea el 21 de mayo de 2020, https://www.lexico.com /en/definition/hobby.

DÍA 67

¿POR QUÉ IMPORTAN LOS PASATIEMPOS?

Es siempre lo sencillo lo que produce lo maravilloso.
Amelia Barr

Mi amiga Laura me dijo hace poco, mientras compartíamos entradas y bebidas en un *happy hour*: "Creo que estamos viviendo en la generación más hambrienta de todas". Y supe que no hablaba solo de comida; hablaba del alma. Llenamos nuestras agendas, llenamos nuestras vidas, intentamos llenar nuestras cuentas bancarias y nuestros corazones. Algo en esa hambre llevó a Laura a hacer una lista de cosas que quería probar.

Mientras pensaba en voz alta sobre esas cosas, yo la escuchaba, imaginaba y asentía. Todo lo que mencionó requería que fuera aficionada. Todo lo que mencionó requería que, de alguna manera, se enamorara. Todo lo que mencionó era una actividad que se podría denominar un pasatiempo.

Laura quería hacer esa lista porque necesita crear algo de espacio en su vida, vivir nuevas experiencias y (creo yo, en lo más profundo) alimentar esa hambre. Laura necesitaba uno o dos pasatiempos. En realidad, yo diría que todos los necesitamos.

Los pasatiempos crean espacio. Nos recuerdan algo hermoso: que de la nada puede surgir algo bueno. Que las semillas se convierten en flores, los ingredientes en sopa, el hilo en mitones. Y, cuando el mundo entero parece roto, reconforta saber que tenemos la más pequeña capacidad de juntar algunas piezas, aunque sean literalmente las piezas de un rompecabezas, y colocarlas donde pertenecen.

Por eso los pasatiempos importan. Porque no todo en la vida puede ser solo producir, luchar, correr. Necesitamos actividades que existan simplemente por el gusto de hacerlas. Poco a poco, las cosas que hacemos que nos dan alegría y glorifican a Dios comienzan a dibujar un mapa de regreso al Edén. A la maravilla y la paz, al suspiro profundo del descanso, que vienen de permitirnos simplemente existir con Dios.

PERSIGUE LA DIVERSIÓN

Haz una lista, como la de Laura, de cosas que quieres probar.

DÍA 68

¿CÓMO ENCUENTRO UN PASATIEMPO?

Donde inviertas tu amor, inviertes tu vida.
Mumford e hijos

Por más que pienso en la diversión, y por más que me siento frente al micrófono en el estudio del pódcast *That Sounds Fun* preguntándole a la gente qué les parece divertido, no me daba cuenta de cuántas personas se sienten tan perdidas al tratar de encontrar un pasatiempo.

¿Por qué sucede eso? Según mi investigación exhaustiva y mi acreditación como *Coach* Certificada de Diversión (es broma, eso no existe… ¡pero estoy pensando en inventarlo!), hay un par de obstáculos que debemos superar antes de encontrar nuestros pasatiempos.

El primer obstáculo es darnos *permiso*. Es fácil convencernos de que no tenemos derecho a usar parte de nuestro tiempo limitado en algo que no sea productivo. Espero que los últimos días (bueno, realmente los últimos 67 días) te hayan ayudado a abrirte a la idea de que los pasatiempos importan. El tiempo libre importa. Disfrutar tu vida importa. Por lo tanto, si te resulta difícil encontrar la confianza para asumir que tú mandas en tu vida, mírate al espejo y di: "Mi amiga Annie F. Downs dice que tengo permiso para encontrar un pasatiempo".

El segundo obstáculo es la *vergüenza*. Amigos, este espacio es como Planet Fitness: una zona libre de juicios. Si hay un pasatiempo que quieres probar, puedes probarlo. Punto. Está bien si no es para todos. ¿Y si es solo para ti? Te lo mereces.

Bien, ahora que hemos superado los obstáculos, es hora de profundizar. No hace mucho hablé con un periodista que me preguntó cómo encontrar un pasatiempo, y yo le respondí con unas preguntas propias. Mientras hablábamos, vi cómo su actitud seria y profesional se suavizaba en una especie de asombro infantil y nostálgico, hasta que se le humedecieron los ojos con unas cuantas lágrimas discretas. Esto fue lo que le pregunté:

- ¿Qué te gustaba hacer un sábado cuando estabas libre o después de la escuela cuando tenías unos nueve o diez años?
- Cuando eras niño, ¿cómo disfrutaba tu familia el tiempo juntos, especialmente con los abuelos u otros familiares?

Encuentras un pasatiempo dándote permiso de probar cosas que te parecen divertidas y que te recuerdan quién eres, o que te conectan con una época más libre de tu vida. Es así de fácil (y así de difícil).

PERSIGUE LA DIVERSIÓN

Responde esas dos preguntas en tu caso, ya sea en voz alta, con un amigo de confianza o en privado en tu diario.

DÍA 69

LOS PASATIEMPOS TE AYUDAN A APRENDER

La marca de las personas exitosas es que siempre están estirando sus límites para aprender cosas nuevas.
Carol S. Dweck

¿Alguna vez leíste el encantador libro infantil *La oruga muy hambrienta* de Eric Carle? Es ese donde la oruga va comiendo frutas y verduras mientras los lectores disfrutan de los colores vibrantes y cuentan los deliciosos alimentos. Un día, incluso, la oruga se excede comiendo demasiados dulces y salados, y termina con dolor de estómago. Pero después de comer, crece, cambia y se convierte en lo que fue creada para ser: una hermosa mariposa. Esa oruga es lo que imagino cuando pienso en cómo se ve la curiosidad.

La curiosidad tiene hambre. Y cuando la alimentas con cosas buenas, crece. Quiere más, hace nuevas preguntas, sigue caminos inesperados, te lleva a nuevos asombros y descubrimientos. A medida que crece, cambia, y finalmente se transforma en algo hermoso. Es el proceso de aprender. Y los pasatiempos te ayudan a aprender.

A simple vista, la curiosidad en un pasatiempo como tejer te enseñará diferentes tipos de puntadas. A medida que aprendes, pasas de tejer algo con solo bordes rectos, como una bufanda, a algo un poco más intrincado y complejo como un gorro; sin embargo, lo que aprendes en un nivel más profundo es que la quietud y concentración del tejido te permiten procesar y soltar algo de la ansiedad que has estado sintiendo.

Cuando te unes a la liga de tenis del vecindario, aprendes diferentes agarres, golpes y movimientos, y cómo anticipar con el juego de pies; pero también descubres habilidades de liderazgo y conexión que no sabías que tenías, mientras tomas la iniciativa de organizar y animar a los equipos en la cancha cada semana.

Tal vez te dediques un tiempo a la repostería. Esa inmersión en el internet y un par de experimentos te enseñan qué tipo de harina sube mejor y por qué una balanza de cocina funciona mejor que las tazas medidoras para ingredientes secos. Pero también aprendes cómo se siente tener algo casero y caliente para ofrecerle a un nuevo vecino que acaba de mudarse al otro lado de la calle, un nivel de hospitalidad y satisfacción que anhelabas, pero que no sabías bien cómo alcanzar.

¿Ves? Los pasatiempos te enseñan cosas. Datos también, claro, y nuevas habilidades, pero además nuevas formas de conectar contigo mismo y de crear espacio para procesar y descansar. Los pasatiempos te enseñan qué te hace sonreír, qué te frustra, y qué te motiva a intentarlo de nuevo.

PERSIGUE LA DIVERSIÓN

Piensa en algo que despierte tu curiosidad.
Haz preguntas, ¡y busca respuestas!
Comprueba dónde te conduce tu curiosidad.

DÍA 70

LOS PASATIEMPOS TE AYUDAN A REÍR

Un día sin risa es un día malgastado.
Charlie Chaplin

Cuando fui maestra de primaria, todos los viernes en la mañana mis alumnos de quinto grado y yo pasábamos un rato analizando un chiste. Aunque era importante para mí que aprendieran habilidades de lectura crítica y cumplieran con los estándares de matemáticas, NO podía perdonarme a mí misma si no dominaban también otras habilidades para la vida antes de irse a la secundaria. Entender por qué un chiste es gracioso era una de ellas.

La anatomía de un chiste: el contexto, la entrega, el remate, el ritmo, los juegos de palabras. Me fascinaba ver cómo se les prendía la bombilla y cómo esos dulces niños y niñas de once años, flaquitos y con las mejillas rojas de correr en el recreo, se echaban hacia atrás riendo porque REALMENTE LO ENTENDIERON.

¿Sabes qué más es chistoso? Intentar algo nuevo. Ser aficionado. Darse cuenta de que la única manera de mejorar es pasar por una etapa torpe al principio. Decidir que las expectativas son bajas y el potencial de alegría es alto, así que vale la pena. Reírte contigo mismo porque aprender un nuevo pasatiempo es DIVERTIDO. Necesitamos darnos permiso para reírnos de nosotros mismos en lugar de pasar inmediatamente a la frustración o la autocrítica.

¿Y sabes cuál es la mejor forma de reír? CON gente. Los pasatiempos reúnen a las personas en torno a intereses comunes. Una de mis cosas favoritas es ir a un concierto en vivo o a una obra de teatro con amigos. Inevitablemente, uno de los mejores momentos de la noche es la caminata de regreso al auto, cuando todos comentan su parte favorita del espectáculo, la emoción sube, y todos hablan al mismo tiempo porque hubo mucho que amar de esa experiencia. Para cuando llegamos al auto, nos duele el estómago de tanto reír.

Y ¿sabes qué tipo de chistes son los mejores? Los chistes internos. Esos que nacen de momentos tontos con tus amigos del golf cuando alguien falla un golpe y otro lanza un comentario justo en el momento perfecto. Y luego se repite. Y no puedes explicarlo ni hacerle justicia. "Tendrías que haber estado allí…".

Como los pasatiempos crean conexión, comunidad, curiosidad y muchas oportunidades para NO ser un experto, también crean oportunidades para reír hasta que te duelan las mejillas. ¡Aprovecha esas oportunidades cada vez que se presenten!

PERSIGUE LA DIVERSIÓN

Cuéntale a alguien la historia de la última vez que te reíste con ganas. ¿Qué hizo que el momento fuera tan divertido? (Puedes decírmelo en redes sociales; soy @anniefdowns. ¡Y SABES que me encantan esas historias!

DÍA 71

LOS PASATIEMPOS TE AYUDAN A LEER MÁS

Cuando aprendas a leer, serás libre para siempre.
Frederick Douglass

¿Sabes qué puedes aprender en un libro? No, no es una pregunta capciosa. Literalmente puedes aprender CUALQUIER COSA. El problema no es la falta de acceso a enormes cantidades de conocimiento.

El problema es cuando dejamos de preguntarnos cosas. Cuando dejamos de sentir curiosidad por aprender algo nuevo o por mejorar en lo que ya hacemos.

Pero los pasatiempos despiertan la curiosidad. Generan asombro. Y no solo el tipo de asombro que te deja maravillado, sino también el tipo que te lleva a hacer preguntas, a ser creativo y a tomar riesgos. Y es ACTIVO. Nos hace movernos.

La curiosidad nos hace pensar: "Me encanta jugar golf. Me divierto mucho haciéndolo. ¿Cómo puedo aprender a golpear la pelota más lejos o con más precisión?" o "¿cuáles son los campos de golf más populares de todos los tiempos?" o "¿qué han aprendido los mejores golfistas de la historia a lo largo de sus años de juego?". Una simple búsqueda en el internet, una visita a la biblioteca, o un paseo por una librería puede darte un sinfín de opciones para saciar esas ganas de saber más. Desde conocimientos técnicos que te ayuden a mejorar tu técnica hasta historias inspiradoras de los grandes del deporte que te conecten más con el juego, leer sobre tus pasatiempos es una excelente manera de disfrutarlos aún más.

Los blogs son un lugar fantástico para leer sobre cocina y repostería, y casi siempre vienen acompañados de fotos hermosas de la receta en proceso, lo cual, debo decir, es muy útil para saber si voy por buen camino cuando intento hacerla (ALERTA DE BLOGUERA GASTRONÓMICA). Existen revistas completas dedicadas a la caza o al punto de cruz (no al mismo tiempo, claro... aunque sería interesante ver qué pasa si se cruzan esos dos pasatiempos). Hay muchísimo contenido valioso para leer que puede enriquecer el tiempo que dedicas a ti mismo.

Y probablemente no hace falta decirlo, pero como tu amiga que ha investigado bastante sobre pasatiempos, tiempo libre y diversión, debo recordarte que uno de los pasatiempos que aparece en todas las listas de hobbies populares es la lectura en sí. Ahora bien, sé que soy autora y también una lectora empedernida, así que reconozco que estoy TOTALMENTE sesgada con este tema, pero leer es, en serio, uno de los mejores pasatiempos que existen.

Busca una lista de clásicos y léelos uno por uno. Lee un poema al día. Lee un libro al mes, alternando entre ficción y no ficción. Elige un autor y lee toda su obra. Únete a un club de lectura, que además tiene una ventaja extra: ¡variedad, conversación y conexión!

PERSIGUE LA DIVERSIÓN

Lee sobre uno de tus pasatiempos. Si no estás seguro de dónde comenzar, solo teclea una pregunta sencilla en el buscador de Google y sigue las opciones.

DÍA 72

LOS PASATIEMPOS TE AYUDAN A ENTENDER LAS TEMPORADAS

Todo tiene su momento oportuno;
hay tiempo para todo lo que se hace bajo el cielo.
Eclesiastés 3:1

Mi club de lectura en Georgia estaba lleno de mujeres a las que había conocido toda mi vida; mi club de lectura en Nashville estaba repleto de desconocidas. No había visto a la mayoría de esas caras antes de esa primera noche de agosto en la que nos sentamos en un porche y hablamos sobre un libro que todas habíamos devorado. No podía creer que ya estaba en algún tipo de grupo. Llevaba solo unas semanas viviendo en Nashville y aquí estaba este grupo de mujeres haciéndome espacio mientras se reunían en torno a una historia.

Con el paso de los meses y los años, ese club de lectura se convirtió en una constante. Me tocó ser anfitriona algunas veces, y la primera vez que lo hice regresé mentalmente a la carpeta de recuerdos del club de lectura y supe que necesitaba una receta del libro; así que llamé a nuestra pastelería local favorita y encargué un pastel justo como el del libro. Tenía flores naturales como decoración y todo. Ya no era la invitada; era la anfitriona. Ya no era la chica nueva; era yo quien daba la bienvenida a la chica nueva que acababa de mudarse a la ciudad. Ya no era la más joven del grupo; era la mujer treintañera que recibía en su casa, con velas encendidas y platos hermosos sobre la mesa. Los cojines del sofá estaban esponjados y no estaba corriendo de prisa antes de que llegaran las invitadas. Me había convertido en la mujer que solía observar y admirar una década antes, en otra ciudad y en otro tiempo.

No sabía que los pasatiempos podían hacer eso, pero este lo hizo. Cuanto más practicaba este pasatiempo, más veía que me estaba convirtiendo en quien quería ser. No solo mejoraba mis habilidades como anfitriona, pues también estaba leyendo muchísimo. Estaba creciendo, aprendiendo, estirándome por dentro gracias a los libros y a las mujeres que se sentaban conmigo a conversar de lo que habíamos leído.

¿No es así como pasan las temporadas? De manera gradual, natural, a su debido tiempo, pero de pronto miras alrededor y el calor del verano ha dado paso a los colores del otoño.

Algunos pasatiempos, como un club de lectura, te acompañan a lo largo de las estaciones cambiantes, y otros son más estacionales y dependen del ritmo de la naturaleza, como la jardinería o el equipo de natación. Otros iluminan etapas de la vida que son breves, como la gimnasia para mamás y bebés, o un club de *bridge* para personas mayores. Todos ellos, sin embargo, nos ayudan a entender los tiempos que estamos viviendo, porque nos ayudan a entendernos a nosotros mismos.

PERSIGUE LA DIVERSIÓN

Haz inventario de lo que te gusta hacer en tu tiempo libre durante cada estación: invierno, primavera, verano y otoño.

DÍA 73

LOS PASATIEMPOS TE AYUDAN A SANAR

Tenemos como firme y segura ancla del alma una esperanza que penetra hasta detrás de la cortina del santuario.
Hebreos 6:19

Andy decidió convertirse en entrenador de una liga infantil de béisbol porque ama el béisbol. El olor del césped recién cortado. El chasquido del bate y el zumbido de las luces. La estrategia y el trabajo en equipo. La conexión entre el lanzador y el receptor. Las semillas de girasol y la energía en la banca. Cada pequeño detalle trasciende el tiempo y el espacio para él.

El béisbol transporta a Andy a una época más sencilla. A una época en la que su papá era su entrenador en tercera base, y él estaba tan concentrado en la voz y las indicaciones de su padre que todos los demás sonidos se desvanecían. Lo transporta a esas tardes interminables lanzando la pelota en el patio trasero con su papá, mientras las luciérnagas también salían a jugar.

Han pasado seis años desde que el papá de Andy falleció. El duelo viene en oleadas, pero su padre sigue vivo en Andy cada vez que le enseña a un niño de nueve años cómo ajustar su agarre para tener mejor control del bate. La fuerza paciente y la determinación silenciosa son cosas que aprendió con el ejemplo. Y, cada vez que reúne a su equipo en el jardín para celebrar sus logros, aprender de sus errores, entregar la pelota del partido y enviar a los niños a la tienda de snacks, su corazón sana un poco más del dolor que carga. Le permite mantenerse conectado con recuerdos que le recuerdan quién es, de dónde viene, y quién quiere ser.

Cualquier tiempo que pasemos en algo que nos recuerde quiénes somos y el tipo de persona que queremos ser es tiempo bien empleado. Así es como sanamos de las cosas quebradas del mundo y de las partes difíciles de nuestra vida: permaneciendo atados a quien Dios nos creó para ser, confiando en que Él aún nos está reconstruyendo.

No usamos nuestros pasatiempos para evadir, anestesiar o escapar de las cosas difíciles. Más bien, dejamos que nos brinden espacio y tiempo para procesar, sentir, lamentar y encontrar momentos de ligereza que nos permitan seguir adelante. Los pasatiempos son herramientas poderosas para sanar.

PERSIGUE LA DIVERSIÓN

¿Qué haces que te ayuda a procesar y sanar de las situaciones difíciles?

DÍA 74

LOS PASATIEMPOS TE AYUDAN A DESCANSAR

Solo en Dios halla descanso mi alma.
Salmos 62:1

Mi amigo Tim tiene ELA. Es una enfermedad terrible que ha cambiado radicalmente su vida en los últimos años. A causa de la ELA, todo en nuestra amistad actual ocurre un poco más despacio. Cuando le hago una pregunta a Tim, me siento en la silla frente a él y espero mientras mira letra por letra, convirtiendo palabras en una frase con sus ojos, y luego, después de unos segundos, su computadora increíblemente inteligente dice en voz alta lo que ha escrito.

No recuerdo cómo comenzó, pero un día Tim decidió que me enseñaría a jugar ajedrez. Siempre me pareció un juego que estaba mentalmente fuera de mi alcance, pero Tim prometió que podría enseñarme y que incluso sería divertido. También nos dio algo, ¿sabes? Algo que hacíamos que era una forma sencilla de conectar, algo intencional que no giraba en torno a comer, beber, o hacer alguna actividad física.

JUGAR AJEDREZ ES MUY DIFÍCIL. Pero Tim, que es muy bueno en ajedrez, también es muy bueno siendo un maestro paciente. Y tengo el beneficio adicional de no solo hacer mis propias jugadas, sino también seguir las indicaciones de Tim para mover sus piezas. Es una manera interesante de aprender: jugar desde ambos lados.

Tiendo a llevar mi vida, y mi diversión, a un ritmo increíblemente rápido. Apurarme a esto, pasar volando por aquello, terminar esto para poder llegar a ESO. El ritmo lento del juego, el silencio en la habitación mientras uno de los dos piensa su próxima jugada, no solo me ha hecho bajar la velocidad, sino que también suavizó lentamente algo dentro de mí. Encuentro descanso mientras jugamos. Siento cómo se relajan los músculos de mi rostro y cuello. Comienzo a observar cosas a mi alrededor y afuera que antes no veía. Mientras me siento y espero la jugada de Tim, observando el tablero, observando a mi amigo, observando la brisa en los árboles junto a la piscina, estoy aprendiendo a descansar en medio de la diversión.

Y tú también puedes hacerlo. Elige un pasatiempo que te dé el espacio que las otras partes de tu vida no te ofrecen. Si tu trabajo implica mucha interacción y extroversión, tal vez un pasatiempo tranquilo como armar rompecabezas te brinde descanso. Si tu rutina diaria requiere estar horas sentado frente a una computadora, entonces un grupo de caminatas en el parque cercano me parece una manera divertida de desconectarte.

PERSIGUE LA DIVERSIÓN

Escoge una actividad esta semana que te permita descansar de la velocidad típica de tu vida. ¿Qué hace que bajes el ritmo solo un poco (o mucho)?

DÍA 75

LOS PASATIEMPOS TE AYUDAN A CULTIVAR TU RELACIÓN CON DIOS

La paz les dejo; mi paz les doy. Yo no se la doy a ustedes como la da el mundo. No se angustien ni se acobarden.
Juan 14:27

El mundo nos dice muchas cosas que no son del todo ciertas sobre lo que realmente importa y cuáles son las casillas que hay que marcar para alcanzar el éxito. Nos dice que hay que estar en constante movimiento. Nos dice que debemos llegar temprano, quedarnos hasta tarde, y sacrificar nuestra salud y nuestra cordura. Que tenemos que ser los mejores, los más organizados, los más exitosos (y no me malinterpretes, en mi oficina hay un cartel en la pared que dice "Trabaja duro". Es un valor que tengo. Solo que lo tengo junto a otros valores, como "Ora con intensidad. Descansa con intención. Diviértete con ganas").

Pero Jesús dice que la paz se consigue de una manera diferente a la que el mundo nos enseña.

Existe una paz que viene de hacer cosas que nos llenan. Una paz que nace de apartar momentos en nuestra agenda para el disfrute, la conexión, la comunidad y el descanso.

La gente suele decir que simplemente debemos amar a Dios y amar a los demás. Cuando leo el pasaje de la Escritura donde se encuentra esa idea, veo que Jesús dice que debemos amar a Dios con todo nuestro corazón, con toda nuestra alma, con toda nuestra mente y con todas nuestras fuerzas, y amar a nuestro prójimo como a nosotros mismos (Lucas 10:27). Ese pequeño detalle (que la forma en que nos amamos a nosotros mismos influye en cómo amamos a los demás) se pasa por alto con frecuencia. Y creo que es algo muy importante.

Necesitamos ser buenos con nosotros mismos de la misma manera en que Dios es bueno con nosotros. Eso nos permite tener un desbordamiento de amor para compartir con otros.

Si vamos a amar a Dios con todo lo que somos (corazón, alma, mente y fuerzas), entonces nuestras agendas también pueden incluir momentos destinados a la alegría, la paz, y el amor.

Tus pasatiempos son trabajo del alma. Cuando ríes con los demás integrantes de tu equipo recreativo de *kickball*, eso es un pedacito del cielo en la tierra. Cuando te sientas tranquilo a armar un rompecabezas mientras escuchas música, tu corazón se abre al descanso. Cuando terminas una carrera mientras sale el sol, tus fuerzas se están renovando en ese momento. Cuando tienes una conversación animada sobre un libro nuevo en el club de lectura, tu mente se activa, y eso da gloria a Dios.

Si es cierto que debemos amar a Dios y amar a los demás como nos amamos a nosotros mismos, entonces esta búsqueda de actividades placenteras para disfrutar en nuestro tiempo libre es algo sagrado. Tus pasatiempos fortalecen tu caminar con Dios.

PERSIGUE LA DIVERSIÓN

Escribe una manera en que te has sentido conectado con Dios mediante un pasatiempo. ¿Por qué crees que te sentiste así?

DÍA 76

LOS PASATIEMPOS TE AYUDAN A HACER DUELO

Hasta de reírse duele el corazón
y hay alegrías que acaban en tristezas.
Proverbios 14:13

Hace poco escuché una historia sobre una dulce familia cuya abuela había fallecido. Es un dolor y una pérdida que muchos hemos experimentado y con la que podemos empatizar; pero al mismo tiempo es algo profundamente único y puede sentirse muy solitario. Porque nadie más tiene *tus* recuerdos con *tu* abuela, *tus* experiencias compartidas y esas miradas que decían tanto, los olores y sabores de sus comidas caseras... nadie más tiene eso, así que el duelo se siente más pesado porque es solo tuyo para cargarlo.

Eso era especialmente cierto para la niña de cinco años de esta familia. La profundidad del vínculo que tenía con su abuela iba más allá de lo que uno pensaría posible en apenas cinco años. Y le estaba costando mucho entender adónde había ido su abuela, por qué no regresaba, y sobre todo, lo difícil que era no poder verla, no escuchar su risa, no sentarse en su regazo, no estar simplemente con ella. Era la primera vez que enfrentaba un tipo de pérdida así.

Para ayudar a su hija a expresar esos sentimientos tan grandes, aunque fueran nuevos y difíciles, su mamá hizo algo que me parece brillante. Recurrió a uno de sus pasatiempos para buscar ayuda. Tomó una camisa del armario de la querida abuela y, usando las habilidades que tenía gracias a su afición por la costura, creó un cojín cubierto con esa camisa. Así, cada vez que esta dulce niña sentía que "extrañaba muchísimo" a su abuela (palabras textuales de ella; ya sé, muy tierno), podía abrazar ese cojín que se veía, olía y se sentía como su abuela.

Todos los pasatiempos crean espacio: para respirar, para liberar energía, para dejar de pensar en todo lo demás, para conectar con nuestro cuerpo. Algunos pasatiempos creativos como escribir, pintar, esculpir o componer canciones, ofrecen un espacio para procesar emociones. Otras actividades más comunitarias, como los clubes de lectura o jugar golf, brindan oportunidades para conversaciones de apoyo. Los pasatiempos relacionados con la naturaleza o las estaciones del año nos ayudan a sentirnos conectados con la tierra y nos recuerdan los ciclos, los altibajos, los cambios naturales de la vida.

El duelo es una de las experiencias más sagradas y profundas que compartimos como seres humanos... si lo permitimos. Nos habla de que algo o alguien significó mucho para nosotros. Y los pasatiempos pueden ayudarnos a transitar ese duelo y recibir todo lo que tiene para enseñarnos.

PERSIGUE LA DIVERSIÓN

¿Te sientes triste hoy? Pasa algún rato con tu pasatiempo para crear espacio para tu duelo.

DÍA 77

LOS PASATIEMPOS TE AYUDAN A CRECER

En cambio, hablaremos la verdad con amor y así creceremos en todo sentido hasta parecernos más y más a Cristo, quien es la cabeza de su cuerpo, que es la iglesia. Él hace que todo el cuerpo encaje perfectamente. Y cada parte, al cumplir con su función específica, ayuda a que las demás se desarrollen, y entonces todo el cuerpo crece y está sano y lleno de amor.
Efesios 4:15-16 NTV

Hace años que no tengo un club de lectura tradicional en mi vida, pero es porque he comenzado algo nuevo. Es muy pequeño y sencillo, pero de verdad te digo que es como un club de lectura. Solo somos tres personas, lo hacemos durante el almuerzo, y es cada dos meses. La presión es baja y el compromiso aún menor, pero nos importa de verdad. Estamos leyendo obras que son difíciles de leer: temas sobre injusticia racial y el maltrato al medioambiente. Leemos libros de autores que no son de nuestra misma raza ni están en la misma etapa de vida que nosotras. Leemos ficción y no ficción, pero leemos con un propósito.

Y es algo distinto, interesante, intencional y divertido. Es otra cosa. Hace mucho que soy adulta, pero sigo afinando y sigo mejorando. Este club de lectura no me muestra a otras personas adultas. No me hace sentir adulta. Es prueba de que lo soy, y de que estoy trabajando por ser mejor.

Espero que este club dure. Espero que tenga recorrido. Pero tal vez una de las cosas que más me gustan de un club de lectura es que no es para siempre. Antes no lo sabía, pero ahora sí. Y cuando aprendes eso, lo amas de otra manera. Así que estoy amando este club de lectura de otra manera.

Es un pasatiempo que me está haciendo crecer, y tal vez, solo tal vez, leer libros y hablar de ellos ayude a recomponer el mundo, aunque sea un poquito. O, al menos, me dará las palabras para intentar enseñarme cómo hacerlo.

Tal vez los pasatiempos también sean momentos en tu camino que te dicen quién fuiste, quién eres, y quién quieres llegar a ser. Quizá, como me pasa a mí, marquen crecimiento dentro de ti, en tu comunidad, y en tu relación con Dios.

PERSIGUE LA DIVERSIÓN

¿Cuáles son algunas maneras concretas en que tus pasatiempos te han ayudado a crecer?

DÍA 78

LOS PASATIEMPOS TE AYUDAN A ESCAPAR

Tendrás que experimentar y probar cosas por ti mismo,
y no estarás seguro de lo que estás haciendo.
Está bien, te estás abriendo camino hacia ello.
Emily Carr

Cuando voy de excursión a Radnor Lake, que es uno de mis pasatiempos favoritos, sucede algo. En realidad, me sucede siempre que paso tiempo en movimiento al aire libre. Es como si todos los automóviles que circulan a toda velocidad por mi mente, cambiando de carril y entrando y saliendo de la autopista, de pronto se alinearan en fila, comenzaran a moverse a la misma velocidad y, de alguna manera, todo comenzara a tener sentido. De un modo u otro, tener que concentrarme en dónde van a aterrizar mis pies para no tropezar con una raíz, y prestar atención a mi respiración, me da una sensación de escape.

Ahora bien, no escuches lo que no estoy diciendo (me encanta esa frase, el pastor Kevin la usa cuando predica y siempre me impacta). No te estoy animando a escapar de tu vida, ni a depender de hábitos que adormecen o de métodos para evadirte. Tampoco te estoy diciendo que huyas de emociones difíciles o que evites hacer espacio para procesarlas. Lo que SÍ estoy diciendo es que, a veces, los pasatiempos ofrecen ese tipo de escape que necesitas en forma de espacio, tiempo, disfrute, movimiento, una pausa mental o un respiro de aire fresco que te permite regresar a la "vida real" con energía renovada y una nueva perspectiva.

Escuché esta misma idea de dos amigas en una misma semana, y me hizo detenerme a reflexionar. Una de ellas me dijo que la razón por la que ama el bordado a punto de cruz es porque ocupa sus manos y su mente al mismo tiempo. Requiere un tipo de concentración que silencia todo lo demás, y sin embargo se siente como descanso porque está completamente tranquila mientras borda. Desde que comenzó con este pasatiempo hace unos meses atrás, ha notado una disminución significativa en los efectos de la ansiedad en su vida.

Otra amiga, una ávida jugadora de golf, me explicó por qué el golf es una tabla de salvación para ella. Tiene un trabajo de ritmo acelerado y mucha presión, y además, claro, una vida fuera de eso también. Cuando está en el campo de golf, su mente se llena completamente con decisiones sobre qué palo usar, la distancia hasta el hoyo y la velocidad del viento, y básicamente es el único momento en el que desconecta mentalmente de las exigencias que llenan su vida.

Ese es uno de los regalos que nos dan los pasatiempos. Es un tipo de escape muy parecido al de unas buenas vacaciones. No porque quieras alejarte de tu vida, sino porque quieres volver a ella descansado, con una nueva perspectiva, y siendo una versión más tranquila y centrada de ti mismo.

PERSIGUE LA DIVERSIÓN

Toma un respiro. Escapa para hacer algo divertido. Toma nota de cómo te sientes cuando vuelves a conectar con la "vida real".

DÍA 79

LOS PASATIEMPOS TE ENSEÑAN ALGO NUEVO

Seguimos avanzando, abriendo nuevas puertas, y haciendo cosas nuevas porque somos curiosos, y la curiosidad sigue guiándonos por nuevos caminos.
Walt Disney

Tal vez ya lo sepas de mí, porque lo he dicho en el pódcast y seguramente en otros espacios también, pero SOY UNA APASIONADA del Viejo Oeste. Llévenme a Lost Valley Ranch y déjenme rodeada de caballos, ganado, rancheros, un cielo inmenso, colinas onduladas y arbustos resecos.

Me transporta a una época pasada de exploración y leyenda, y simplemente me encantan las historias que tienen ese espíritu pionero. Hay algo en la tenacidad y el coraje que se necesitan para aventurarse en lo desconocido, en lo inexplorado, y ver qué sucede. ¡Eso sí que es un pasatiempo! Un territorio nuevo por descubrir y en el que podemos expandirnos.

Y lo mejor de darnos permiso para ser aficionados es que hay mucho por aprender todavía. Las bibliotecas existen precisamente para eso. Y YouTube es un verdadero banquete de videos tutoriales. De hecho, puedes suscribirte a MasterClass y aprender TODA CLASE de habilidades y pasatiempos enseñados por expertos en ese campo. Me encanta la idea de aprender de personas apasionadas, comprometidas, y que han invertido tiempo y esfuerzo para volverse excelentes en algo. ¿Quieres aprender piano básico de un miembro de una orquesta? ¿O tomar clases de repostería con un chef galardonado? La tecnología hace que aprender cosas nuevas sea muy accesible.

Pero los pasatiempos no solo nos enseñan habilidades. También nos enseñan sobre nosotros mismos y sobre el tipo de personas que queremos ser. Porque nuestros pasatiempos nos invitan a nuevas disciplinas, a la perseverancia, a las pequeñas victorias y a los comienzos de nuevo, y eso profundiza nuestro carácter. La alegría, la paz y la conexión que encontramos en ellos nos iluminan caminos por los que nuestro corazón puede ser transformado, y a través de eso también podemos invitar a otros a florecer.

A medida que sigas caminando por este territorio inexplorado, mantén los ojos bien abiertos y la cabeza en alto, para no perderte los descubrimientos grandes, pequeños y medianos que encontrarás en el camino.

PERSIGUE LA DIVERSIÓN

Haz una pregunta relacionada con uno de tus pasatiempos y profundiza para encontrar la respuesta.

DÍA 80

LOS PASATIEMPOS CREAN ALGO NUEVO

La verdadera felicidad proviene de la alegría de las cosas bien hechas,
de la diversión de crear cosas nuevas.
Antoine De Saint-Exupéry

El ingrediente secreto de mi pódcast es cuando, de alguna manera, me olvido de que hay un micrófono y puedo fingir que mi invitado y yo somos solo dos personas sentadas tomando café y tratando de conocernos o, si ya somos amigos, simplemente poniéndonos al día.

En el proceso de conocer a Melissa d'Arabian, una chef increíble y estrella del canal Food Network, le escuché hablar sobre un estofado de carne. Su suegra le enseñó una receta complicada y que requiere mucho tiempo para preparar el estofado más delicioso que había probado en su vida, pero no era nada rápida. Cada ingrediente debía tratarse por separado y con intención. Es una de esas recetas que te pueden tomar casi todo el día, pero la recompensa es una experiencia de sabores profundamente deliciosa y compleja.

Yo soy una persona que quiere disfrutar de la experiencia de comer y también de la comida misma. Me gustan los restaurantes elegantes no porque sea presumida (bueno, no SOLO por eso), sino también por lo mucho que piensan en toda la experiencia que va a tener el comensal. Pero, muchas veces, la experiencia de cocinar una comida es incluso más placentera que comerla. Cocinar es medicina, ¿verdad? (Hablamos de eso en el día 35).

Así funcionan los pasatiempos. El proceso de hacer algo puede ser igual de satisfactorio, o incluso más, que el producto final. Pienso en aquellas épocas en las que las mujeres se reunían para coser colchas. Se sentaban juntas a trabajar en una manta, hablando, riendo, cosiendo. Las colchas terminadas eran necesarias e importantes para quienes las recibían, pero lo verdaderamente valioso ocurría en ese círculo de mujeres.

Las cosas que crean los pasatiempos no tienen que ser objetos físicos o tangibles… aunque pueden serlo. Una obra de arte, una comida, una camisa bordada; pero los pasatiempos también crean comunidades, chistes internos, experiencias, recuerdos, conexiones. Nuevas amistades, nuevos sabores, nuevas aventuras. ¿No suena eso como el Edén?

PERSIGUE LA DIVERSIÓN

Escoge una receta que nunca hayas hecho, ¡y prepárala!

DÍA 81

LOS PASATIEMPOS CREAN COSAS PARA OTROS

Recuerda que cuando dejes esta tierra, no puedes llevarte nada que hayas recibido, sino solo lo que hayas dado; un corazón lleno y pleno por el servicio honesto, amor, sacrificio y coraje.
Francisco de Asís

Durante los meses de 2020 marcados por la cuarentena y las órdenes de quedarse en casa debido a la COVID, probé varios pasatiempos nuevos. Sé que mucha gente también lo hizo, ya fuera para aprovechar el tiempo extra en casa o simplemente para no volverse loca. Uno de los pasatiempos que intenté fue el punto de cruz. Y déjame decirte, ¡una vez que comencé, no pude parar!

Me encantaba que podía poner un buen audiolibro o incluso una serie o película ligera y, al mismo tiempo, tener algo que hacer con las manos. Pero, más allá de eso, el punto de cruz parecía llenar un vacío nostálgico, conectándome con un ritmo y una tranquilidad que me hacían sentir como si estuviera sentada en el sofá de mi abuela, tomando té con ella a la luz de una lámpara. Ella es, después de todo, la razón por la que conocí el punto de cruz en un principio.

Pero lo que hizo que mi amor por el punto de cruz se desbordara fue el momento en que encontré un patrón precioso del que me enamoré, y tenía el tamaño perfecto para un adorno navideño. No solo eso, sino que si organizaba bien mis tardes y mi tiempo libre (digo… ¿a dónde iba a ir? ¡Todo el mundo estaba encerrado!), podía hacer suficientes para regalárselos a mis hermanos y primos en Navidad (y aun así tener uno para mi propio árbol).

Había algo muy especial en saber que, cada año, cuando bajen sus cajas de adornos del ático o las saquen del fondo del armario del cuarto de las visitas, y cuando con cuidado los desempaquen y los cuelguen en sus árboles, este regalo, hecho a mano con amor, será parte de su tradición. El hecho de que adornos iguales cuelguen en todos nuestros árboles es una conexión que trasciende la distancia y se siente como el mejor tipo de lazo familiar.

Los pasatiempos no solo crean algo nuevo; crean cosas para los demás. Hornear galletas crea una bienvenida para los nuevos vecinos. Cultivar un huerto crea abundancia para compartir con amigos y familia. Las ligas de *kickball* crean un espacio para conectar con personas nuevas en la ciudad. Pintar, escribir o cantar crea algo hermoso que otros pueden disfrutar. Cuando creamos para otros, estamos participando en el trabajo de volver a armar el mundo, aunque sea de una manera pequeña. Es un modo en el que podemos asociarnos con el Señor en esa obra redentora que Él está haciendo, y trae un poco del Edén a nuestro alrededor.

PERSIGUE LA DIVERSIÓN

Decide qué te gustaría crear para otra persona, ¡y marca tiempo en tu calendario para hacerlo!

DÍA 82

LOS PASATIEMPOS NOS AYUDAN A HACER AMIGOS

La amistad... nace en el momento en que un hombre le dice a otro: "¡Cómo! ¿Tú también? Pensé que nadie más sino yo...".
C. S. Lewis

Hace unos años atrás, los domingos a las ocho de la noche me encontrabas en Rocketown, un parque para patinar y sala de conciertos en Nashville que mi iglesia usaba por un par de horas cada semana para realizar un servicio dirigido a estudiantes universitarios (y les servían cereal... ¡Todo el mundo sabe que el camino al corazón de un universitario es la comida gratis!). Una de esas noches, entró un grupo de chicos ALTOS, musculosos... hombres... o tal vez en algún punto intermedio. Estos muchachos, a quienes cariñosamente llamaba mis *VandyBoys*, formaban parte del equipo de béisbol de la Universidad de Vanderbilt, y terminaron convirtiéndose en algunos de mis mejores amigos. Varones que me permitieron ser una voz de hermana mayor en sus vidas y que compartieron conmigo muchas alegrías, caídas, temporadas y celebraciones.

Y no fueron solo los estudiantes los que se ganaron mi corazón esas noches de domingo. Me involucré PROFUNDAMENTE con otros voluntarios que, como yo, no se cansaban de ver cómo Dios transformaba los corazones de los universitarios y los prendía de pasión por Él. Fueron noches muy divertidas, y eso se debía en gran parte a las personas con quienes las compartía.

Ahora bien, esto no es tu amiga Annie presumiendo. *Sí, sí, Annie. Entendemos. Te encanta servir en la iglesia.* No se trata de alardear con humildad. Es solo mi historia. Es simplemente la verdad: algunos de los pasatiempos que me han llevado a amistades duraderas y verdaderamente valiosas han girado en torno al servicio en mi iglesia local. Y creo que eso también puede ser verdad para ti. Hay algo poderoso en los lazos que se forman a partir de intereses comunes y de la diversión que se experimenta en esos ambientes, porque están construidos sobre una base de relaciones profundas y compartidas con el Señor.

Pero el trabajo voluntario en otros contextos, como en Young Life, entrenando un equipo deportivo, sirviendo en un refugio para personas sin hogar, o incluso en la biblioteca de la escuela de tus hijos, también abre oportunidades similares para conocer personas con las que tienes cosas en común, comenzando por la actividad misma. Las actividades tienden a atraer a personas con corazones y mentes similares. Es así de simple: los pasatiempos te ayudan a hacer amigos.

PERSIGUE LA DIVERSIÓN

Preséntate a alguien en la iglesia o en el lugar donde eres voluntario. Y si no sirves en una iglesia ni eres voluntario en algún lugar, ¡coloca "Encontrar un lugar donde ser voluntario" en lo más alto de tu lista de pasatiempos!

DÍA 83

LOS PASATIEMPOS UNEN A LOS AMIGOS

El amigo siempre es amigo, y en los tiempos difíciles
es más que un hermano.
Proverbios 17:17 TLA

¿"Quieres venir a pescar? Viene un montón de gente".

No es precisamente la invitación que recibo MÁS seguido en una tarde de primavera, pero algo en ella me llamó la atención. "¿Sí?", respondí, un poco titubeante, pero sin hacer muchas más preguntas. La invitación venía de mi amigo Drew, que también es un Eneagrama Siete como yo. Me encanta su familia y confío completamente en su buen ojo para pasarla bien.

Pescar: eso suena divertido. Suena nostálgico y soñado, como algo que habría hecho de niña con mi abuelo y mis primos (sin pensar mucho en los gusanos, la tierra, o tener que quitar anzuelos de bocas de peces).

Mientras caminaba hacia el estanque al frente del vecindario de Drew, con la hierba ligeramente crecida haciéndome cosquillas en los tobillos por mis sandalias, lo que vi me quitó el aliento. Porque la mezcla de niños corriendo con cañas de pescar (ligeramente peligrosas) sobre los hombros era el diagrama de Venn perfecto de mi vida.

Los mellizos de tres años de Drew iban seguidos por sus hermanas preadolescentes, dulces y atentas, para que su papá pudiera lanzar la caña un par de veces. Su hijo AJ y un vecino me recibieron enseguida en su triángulo de lanzamientos de fútbol americano. Fútbol y pesca... era casi demasiado deliciosamente sureño. Sentí que el corazón se me iba a salir del pecho. Parecíamos sacados de una canción country.

El sol estaba bajando, los mosquitos y los peces estaban picando, y mi corazón estaba ocupado estando completamente presente en el momento y también tratando de guardarlo para revivirlo después. Fue una de esas dulces sorpresas que ocurren cuando llegas sin saber muy bien a qué vas o con quién te encontrarás, y lo que recibes es la comodidad de amigos con los que puedes exhalar y ser plenamente tú.

Los pasatiempos tienen este superpoder de unir a los amigos. Pueden ser amigos de toda la vida reuniéndose en torno a un nuevo gusto compartido (como nosotros esa noche con la pesca). O pueden ser amistades nuevas que florecen porque el *pickleball*, la cervecería artesanal o componer canciones son cosas que simplemente se disfrutan más en comunidad. Viejos o nuevos, duraderos o por temporada, deja que los amigos que traen tus pasatiempos, y los pasatiempos que traen tus amigos, formen parte de la hermosa y variada manera en la que persigues la diversión.

PERSIGUE LA DIVERSIÓN

Pídele a alguien que te acompañe la próxima vez que te dirijas a participar en tu pasatiempo.

DÍA 84

LOS PASATIEMPOS TE RECUERDAN A LA FAMILIA

Tú no escoges a tu familia. Ellos son el regalo de Dios para ti,
igual que tú lo eres para ellos.
Desmond Tutu

Un aspecto de cualquier experiencia culinaria que más alegría sencilla me produce, es visitar mi mercado local de agricultores para abastecerme de verduras. Pasear entre los puestos tiene algo... las carpas y las mesas plegables cubiertas de canastas y cajas llenas de productos cultivados en casa que simplemente me desacelera en el mejor sentido. Conocer las granjas y ver a las personas que participaron en el cultivo de la comida que voy a comer me hace sentir arraigada y conectada, y eso me encanta.

Pero más que eso, siento una conexión profunda con mi abuela y mi mamá cuando estoy allí. Oh, la cantidad de veces que aquella Annie niña, sin una preocupación en el mundo, anduvo por un mercado de agricultores de la mano de una de esas mujeres. Probábamos fresas, golpeábamos melones para ver si estaban maduros, y siempre regresábamos a la casa con una cesta o una bolsa llena de vainitas (o quizá en donde estés las llamen habichuelas, ejotes o judías verdes).

Luego nos sentábamos en la terraza delantera de la casa de mi abuela durante la parte "más fresca" del día (que, te lo aseguro, seguía siendo calurosísima, porque así son los veranos en Georgia), y nos poníamos a despuntar las vainitas. Cada una con su propio colador.

Hoy en día, cada vez que despunto vainitas no falta una sonrisa momentánea al recordar todas esas veces que el silencio cómodo y lleno de amor se compartía entre las mujeres de mi familia en ese porche de la casa de mis abuelos en la calle Ebenezer.

Para mí, son las vainitas. Tal vez para ti sea jugar Scrabble u otro juego de mesa como lo hacías con tus tías y primos. Pescar como lo hacías con tu abuelo. O seguir a tu equipo en cada partido, en casa o de visitante, como lo hacías de niño con tu papá.

Los pasatiempos pueden ser nuevos y novedosos, pero muchas veces ya viven en nosotros desde hace tiempo atrás y crecieron con nosotros desde nuestra familia. Y como nos ayudan a recordar de quién venimos y de dónde venimos, también nos ayudan a descubrir quiénes somos y hacia dónde queremos ir.

PERSIGUE LA DIVERSIÓN

Escribe o comparte las historias o los recuerdos de tu abuela (u otro familiar) que vienen a tu mente cuando estás haciendo lo que haces por diversión.

DÍA 85

LOS PASATIEMPOS UNEN A LAS FAMILIAS

Todo maestro del ajedrez fue un aficionado alguna vez.
Irving Chernev

Una Navidad le regalamos a mi papá un juego de ajedrez muy hermoso. Resulta que (aunque nunca había prestado mucha atención a ese detalle) a mi papá le encanta jugar ajedrez. Era uno de sus pasatiempos cuando era niño y adolescente. Solía leer libros sobre ajedrez y jugaba con frecuencia.

Se emocionó; se notaba apenas abrió la caja, y no pasó mucho tiempo antes de que ya tuviera las piezas acomodadas en el tablero.

Inmediatamente me ofrecí para jugar una partida. Pensé que sería divertido aprovechar las habilidades que había ganado siendo aplastada por Tim para jugar con mi papá. Me sentía sorprendentemente nerviosa, porque era como conocer un lado de él que no sabía que existía.

Ser adulto y tener padres adultos puede generar momentos curiosos como este, en los que te das cuenta por primera vez de que tus papás, mientras te criaban, eran simplemente adultos normales. Es algo que desconcierta un poco, sinceramente. Y entonces se producen momentos como este juego de ajedrez; y no solo siento que tengo una nueva perspectiva de mi papá como adulto, sino que también lo veo como un niño. Con lo que ahora sé, como adulta que se relaciona con niños, conocer esta parte de la infancia de mi papá me da una visión completamente distinta de él.

Jugué con él ese día y me destrozó. O sea, no puedo exagerar cuán rápido y por completo me derrotó. Y luego, con una sonrisa amable, me preguntó si quería volver a armar el tablero para otra partida. Y, por supuesto, dije que sí.

Sabía que tenía pocas probabilidades de ganarle, pero también sabía que tenía muchas probabilidades de estar con él si decía que sí otra vez. Me gusta jugar ajedrez... es divertido y todo eso, pero principalmente crea un espacio para la conexión y el tiempo compartido. La diversión a menudo genera eso. Hay algo específicamente bueno, y quizá hasta sagrado, en la manera en que nuestros pasatiempos pueden ralentizar el ritmo de la vida y estirar el tiempo que pasamos con nuestra gente.

Así que excava y busca esos pasatiempos que tú y tu familia quieren disfrutar juntos. Cantar alrededor del piano de cola de la abuela, pescar, armar rompecabezas, jugar a las cartas, ir al teatro a ver TODOS los musicales que lleguen a tu ciudad, seguir a tu equipo favorito, cocinar juntos... todos esos son pasatiempos divertidos. Pero son infinitamente más significativos cuando los compartimos con la familia.

PERSIGUE LA DIVERSIÓN

Haz algo divertido con un miembro de tu familia.

DÍA 86

LOS PASATIEMPOS NOS CONECTAN CON LOS NIÑOS

El juego es la forma más elevada de investigación.
Albert Einstein

¡Annie! ¡Vamos!". Una invitación como esta, de parte de uno de mis mini-mejores amigos, es sinceramente uno de los sonidos más dulces del mundo para mí.

Verás, tengo este grupo de amigos. Una aldea. Supongo que la palabra correcta para describir a nuestro grupo es familia (son los contactos de emergencia en mis formularios oficiales, así que sí, creo que el término *familia* aplica). Y uno de los aspectos en los que brillo específicamente dentro de esta familia es que llego después de un día sentada en mi escritorio trabajando, justo cuando su mamá ha estado con ellos todo el día haciendo cosas de mamá, y yo llego con energía fresca. Estoy lista.

Por lo tanto, cuando me dicen que vaya, ¡voy! A veces es para ver una construcción particularmente elaborada de Lego. Y me siento con el librito que viene con el set y, tal vez, les ayudo a retroceder algunos pasos, a deshacer lo que haya que deshacer, y a dejar todo en orden para que puedan seguir construyendo.

Otras veces es para un partido de fútbol compuesto por jugadores imaginarios. Equipos con nombres que no existen en el mundo real, pero que juegan un papel vibrante en la liga del patio trasero de la que somos parte.

Otras veces es una invitación al libro del día. Para acurrucarnos en el sofá y leer juntos. Para hacer preguntas como: "¡Dios mío! ¿Qué crees que va a pasar ahora?" o "¿cómo crees que sería formar parte de esta historia?".

Ya sea deportes, libros o bloques, de alguna manera los pasatiempos nivelan el campo de juego. Pueden hacer que cualquier consideración de edad desaparezca por completo. Porque, al final del día, lo que importa son las cosas que nos interesan y que nos ayudan a divertirnos. Y los niños saben divertirse. Mantienen la diversión inocente y pura, y canalizan toda su creatividad, energía y chispa en eso, porque para ellos es cosa seria. No han tenido la oportunidad de sentirse agobiados por las responsabilidades ni de volverse cínicos por las decepciones. Los pasatiempos son simplemente caminos hacia la conexión y la diversión cuando eres niño. Y como todos fuimos niños alguna vez, y todos tenemos acceso al niño que todavía vive dentro de nosotros en algún lugar, podemos dejar que esos caminos nos lleven a donde fueron destinados a llevarnos... a la conexión y a la diversión.

PERSIGUE LA DIVERSIÓN

¿Qué te gustaba hacer de niño?

¿Hay algún modo de que puedas usar eso para conectar pronto con los niños que hay en tu vida?

DÍA 87

LOS PASATIEMPOS SON DIVERTIDOS

La vida es más divertida si jugamos juegos.
Roald Dahl

- **Escribir:** cuando la combinación perfecta de palabras se une y crea significado.
- **Tejer:** relajación, alivio del estrés... ¡y luego una bufanda!
- **Malabares:** la alegría de no dejar caer ni una pelota (¡ni antorchas en llamas!).
- **Rompecabezas:** el proceso de encajar piezas hasta que la imagen se vuelve clara y hermosa.
- **Jugar videojuegos:** ser transportado a una realidad distinta.
- **Pescar:** la paz de esperar, el ritmo de lanzar, y la emoción del primer mordisco.
- **Hornear:** la sonrisa del cumpleañero cuando muerde el pastel que hiciste especialmente para él.
- **Tenis:** tu mente y tu cuerpo trabajando al unísono.
- **Cantar:** cuando el amor, el dolor, la tristeza o la alegría toman melodía y escapan al aire.
- **Senderismo:** alcanzar nuevas alturas y vistas que te dejan sin aliento.

- **Montar a caballo:** la fuerza debajo de ti, el viento en tu rostro, y la libertad que se siente como volar cuando tu caballo galopa.
- **Jardinería:** ver los primeros brotes asomarse por la tierra.
- **Leer:** visitar nuevos mundos, habitar nuevas historias, obtener nuevas perspectivas, sin salir del sofá.
- **Tocar la guitarra:** cómo los acordes correctos en el orden correcto pueden llevarte de regreso al momento en que escuchaste esa canción por primera vez.

Mira esa lista. Incluso si no ves tu pasatiempo ahí, ¿no suena divertida? ¿Sabes por qué? Porque esa lista está llena de creatividad, conexión, estimulación mental, naturaleza, movimiento, crecimiento, aprendizaje y belleza. Lo que trae esas cosas a nuestra vida también trae diversión.

NECESITAMOS diversión en nuestras vidas. Algunos tenemos la suerte de tener elementos de diversión en nuestro trabajo, o en nuestras relaciones familiares y de amistad; pero hay algo un poco mágico en la diversión que ELEGIMOS incorporar a nuestro mundo.

Eso es porque es NUESTRA. Nos pertenece. Elegimos nuestros pasatiempos porque son a la vez un regalo para nosotros y un regalo para el mundo. Porque así es como las cosas rotas se van recomponiendo, pieza por pieza: cuando somos plenamente nosotros mismos y hacemos espacio, en medio de todo lo ocupado, para proteger el disfrute, el asombro y la fantasía. Los pasatiempos alimentan el alma y nos ayudan a sentirnos unos cuantos pasos más cerca del Edén.

PERSIGUE LA DIVERSIÓN

Recuérdate a ti mismo por qué tu pasatiempo es divertido.

DÍA 88

LOS PASATIEMPOS TE MANTIENEN HUMILDE

Humíllense delante del Señor y él los exaltará.
Santiago 4:10

No sé tú, pero yo puedo ser bastante olvidadiza. Mi mente se mueve rápido, muy rápido, y a veces ya estoy pensando en la siguiente idea, plan o conversación antes de darme cuenta de que ni siquiera terminé la anterior. Necesito ayuda para bajar la velocidad y recordar.

A veces me siento hasta un poco avergonzada de admitir eso, porque me convenzo a mí misma de que ya debería tener resuelto este tema. Algo así como: "¡Ponte las pilas, Downs!". Pero pedir ayuda es humilde, y además es reconocer que hay áreas de la vida que no tengo resueltas.

Lo hermoso es que Dios no nos pide tener todo resuelto, ¿cierto? Es una presión que nos pone la cultura o que nos la ponemos nosotros mismos. Lo que sí nos pide Dios es que seamos humildes.

En la Biblia hay un término que aparece con frecuencia cuando se habla de humildad: *humíllense*. Es decir, hay una decisión involucrada. Y una acción. Humillarnos es una elección. Y nuestros pasatiempos son un gran lugar para practicarla.

Los pasatiempos te mantienen humilde porque eres nuevo en ellos. Necesitamos ese recordatorio, ¿no es cierto? Nuevo. Inexperto. Principiante. Todas esas son buenas posiciones donde estar. Es un gran espacio para crecer, descubrir, aprender, crear.

Me hace pensar en cómo debió de sentirse Adán cuando Dios lo invitó a poner nombre a los animales en el jardín. "¿Yo? Nunca antes he nombrado animales. ¿Cómo sabré si lo hago bien? ¿Y si arruino la reputación de la zarigüeya para el resto de la historia porque no la llamé 'puff-puff'?". Casi puedo ver la sonrisa bondadosa de Dios y escuchar Su voz diciendo: "Oh, Adán, no hay presión. Estás empezando en esto. Yo creo que puedes hacerlo... de hecho, por eso te lo pedí. Y aquí estoy, por si necesitas ayuda".

Los pasatiempos nos mantienen humildes porque nos recuerdan nuestras limitaciones. Y sí... ya sé que recordar nuestras limitaciones no suena precisamente divertido. Pero hay una diversión profunda al otro lado de admitir con humildad que necesito un descanso, necesito participar en algo que me haga florecer, y que no puedo hacerlo todo sola. No estamos diseñados para ser buenos en todo, amigos.

Ese es el trabajo de Dios y, créeme, Él es excelente en eso.

PERSIGUE LA DIVERSIÓN

¿Dónde encuentras humildad mezclada con tus pasatiempos?

DÍA 89

CÓMO HACER QUE UN PASATIEMPO SIGA SIENDO UN PASATIEMPO

Porque donde esté tu tesoro, allí estará también tu corazón.
Mateo 6:21

Con el auge de la economía de los empleos temporales en los últimos años, cada vez más personas tienen empleos por contrato, freelance, o basados en proyectos cortos que en las décadas en que nuestros padres eran pequeños. Como ya no es tan común trabajar de 9 a 5 como norma, la sociedad está llena de esta apertura realmente divertida para ganarnos la vida de maneras que se alinean mejor con nuestros talentos y nuestros horarios. Pero esto plantea la pregunta: esto que haces por diversión ¿quieres convertirlo en un ingreso extra?

Tal vez llevas un tiempo escribiendo en tu blog y la gente se identifica con lo que compartes. No falta quien diga: "¿Y cuándo vas a escribir un libro?". O enseñas tus bordados que capturan perfectamente la cara de tu mascota favorita, y la respuesta inmediata es: "¡Esto es increíble! ¿Vendes tu trabajo? ¿Podrías hacer uno del perrito de mi mamá? ¡Le encantaría!".

Y es ahí cuando necesitas tener una conversación sincera contigo mismo. Es increíble si decides profesionalizar tu talento, especialmente si hay demanda por lo que solo tú sabes crear de esa manera; pero también es igual de válido y valioso que decidas mantener tu pasatiempo como eso: un pasatiempo.

Después de pasar tanto tiempo juntos en estos ochenta y ocho días, tú ya sabes que mi deseo es que te sientas con toda la libertad del mundo para ti mismo, para la diversión, y para actividades que planeas solo por la alegría y la conexión que te proporcionan.

Y si decides dejarlo como pasatiempo, puede ayudarte tener a la mano una especie de guion para cuando te pregunten lo inevitable. Aquí tienes uno: "Hacer [inserta aquí tu pasatiempo] es algo que realmente amo y quiero seguir haciéndolo como una manera de descansar y divertirme, sin que se convierta en una meta que cumplir".

Cuando mantienes un pasatiempo como pasatiempo, hay una oportunidad para la generosidad. Es generoso para ti mismo poner límites sanos que te protegen y priorizan tu diversión. Y es generoso con los demás cuando quieren pagarte para que hagas uno de tus pasteles increíbles para el primer cumpleaños de su bebé, y tú puedes responder: "¡Es algo que me encanta hacer! ¿Por qué no compras los ingredientes y yo me encargo de hornearlo y decorarlo como regalo?". Eso es generosidad; ser generoso contigo y con tus amigos... ¿qué es más divertido que eso?

PERSIGUE LA DIVERSIÓN

Practica cómo dirás "no" amablemente cuando alguien te pregunte si vas a convertir tu pasatiempo en una actividad profesional.

DÍA 90

CUÁNDO SER PROFESIONAL CON TU PASATIEMPO

El éxito no es la clave de la felicidad. La felicidad es la clave del éxito. Si amas lo que haces, serás exitoso.
Albert Schweitzer

Comienzas un pasatiempo porque es divertido. Te da vida y se convierte en parte regular de tus rutinas. Empiezas como aficionado y te permites ser torpe; pero con el tiempo mejoras, ya sea horneando pasteles, bordando iniciales en camisetas, tocando el piano o jugando golf. Y cuando te vuelves bueno en algo, comienzas a preguntarte: "¿Podría salir algo más de esto? ¿Debería convertir este pasatiempo en un ingreso extra?". Ayer hablamos de *Cómo hacer que un pasatiempo siga siendo un pasatiempo,* pero ahora veamos el otro lado.

Pronto, otras personas comienzan a notar tus creaciones extraordinarias: "¡Esos pasteles están hermosos y saben increíble! ¿Te puedo pagar para que hagas algunos para un baby shower que voy a organizar?". O "Me encanta tu camiseta bordada. ¿Dónde la conseguiste? ¡¿TÚ la hiciste?! Me encantaría encargar unas para todas las chicas de mi club de lectura. ¿Cuánto cobras?".

Todo esto valida lo que estás aprendiendo, cómo estás creciendo, y lo mucho que lo estás disfrutando. Pero si estás tratando de decidir si convertir tu pasatiempo en algo más profesional, considera un par de preguntas:

1. **¿Quieres hacerlo?** Si la respuesta es sí, entonces te animo a explorar el siguiente paso. No tienes que pasar de pasatiempo a un plan de negocio completamente formado con metas a cinco y diez años y cuotas de ventas trimestrales de una sola vez. Solo da un paso.
2. **¿Qué preguntas tienes y a quién se las puedes hacer?** Recuerda que eres principiante, y eso está bien. Pregunta a alguien con experiencia en ese campo. Ofrécele pagarle por una hora de su tiempo y prepárate con tus dudas. ¡Puntos extra si le mandas las preguntas con anticipación!

Investigar no significa comprometerse. Una vez que tengas una visión realista de lo que implicaría transformar tu pasatiempo en un ingreso extra o en un trabajo de tiempo completo, regresa a la primera pregunta. Y sé sincero contigo mismo, porque hay costos: financieros, sí, pero también mentales y emocionales. Si decides que vale la pena, ¡reúne valor y sigue adelante! Y si no, también está bien. Aún tienes un pasatiempo increíble para disfrutar.

PERSIGUE LA DIVERSIÓN

Sueña despierto con cómo se vería pasar a ser profesional con uno de tus pasatiempos.

¿Algún consejo sobre descubrir nueva diversión en nuevas temporadas de la vida?
Kensy

¿Cómo invito a personas a participar en mi diversión?
Mary

Si no encuentro valentía para perseguir mis sueños, ¿lo lamentará mi yo del futuro?
Hannah

¿Cómo encuentro diversión de nuevo cuando me siento perdida en mi identidad como mamá?
Kristin

¿Qué consejo darías a tu yo más joven?
Hilary

¿Cómo discierno cuándo es apropiado perseguir la diversión para aumentar el gozo y evitar las cosas difíciles?
Mikayla

¿Cómo puedo maximizar mi diversión?
Caitlin

¿Cómo se puede encontrar diversión en las partes comunes de la vida?
Samantha

PERSIGUE LA DIVERSIÓN

DÍA 91

CUANDO PERSIGUES LA DIVERSIÓN, EL GOZO LE SIGUE

La gloria de Dios es el hombre plenamente vivo.
San Ireneo

Los niños corren por todas partes. ¿Te has dado cuenta? No tienen que estar compitiendo con nadie, ni persiguiendo a alguien, ni tener prisa. Simplemente les gusta ir rápido. Los niños también son ruidosos, andan descalzos, se voltean de cabeza, llenos de barro y se ríen todo el tiempo... a veces todo eso a la misma vez. Saben lo que les parece divertido, y hacen eso sin disculparse.

Todos solíamos ser así. Todos solíamos pensar en divertirnos y hacíamos lo que sonaba divertido, sin disculparnos. Pero, en algún momento, dejamos de hacerlo (bueno... ustedes lo hicieron. USTEDES crecieron y dejaron de pensar en la diversión. ¡Yo no! ¡Estoy trayéndola de regreso!).

Los adultos dejan de pensar en divertirse porque la vida se llena de ocupaciones, tenemos responsabilidades, y la vida puede ser estresante.

La palabra seria y de iglesia que es un poco más aceptada socialmente y que está cerca de la diversión es *gozo*. Pero, ¿cómo encontramos el gozo? ¿Dónde se cruzan la diversión y el gozo? Esto es lo que pienso: el gozo es el sentimiento, y la diversión es la acción.

Es como cuando arrancamos un auto. Hay que girar la llave. La diversión es girar la llave. Y el gozo es que el auto avance.

Antes de tener un pan casero, tibio, dorado y con aroma delicioso, tienes que precalentar el horno y amasar la masa. La diversión es poner el horno a 200 grados y meter la masa ya levada. Y el gozo es cómo el calor lo convierte en un pan delicioso.

Cuando persigues la diversión, el gozo le sigue. Cuando haces cosas que te sacan una sonrisa, que te causan deleite y que te hacen sentir en paz, el resultado es una base de gozo.

Ahora bien, muchas veces la gente confunde el gozo con la felicidad. Creen que tener gozo significa estar siempre de buen ánimo y no poder admitir que uno está triste, enojado o decaído. Pero nosotros sabemos más, ¿no es cierto? Mientras que la felicidad puede ser pasajera o depender de las circunstancias, el gozo es esa sensación profunda e inquebrantable de que, sin importar las circunstancias que estemos enfrentando, Dios es bueno (realmente, verdaderamente bueno) y vamos a estar bien.

PERSIGUE LA DIVERSIÓN

Haz hoy una cosa que te parezca divertida y comprueba el gozo que desencadena.

DÍA 92

LA DIVERSIÓN REQUIERE VULNERABILIDAD

Abrazar nuestras vulnerabilidades es arriesgado, pero no es ni de cerca tan peligroso como renunciar al amor, a la pertenencia y al gozo, esas experiencias que nos hacen sentir más vulnerables. Solo cuando tenemos el valor de explorar la oscuridad, descubriremos el poder infinito de nuestra luz.
Brené Brown

Probablemente no irías a un parque de diversiones en una primera cita, ¿verdad? Sentarte al lado de alguien que acabas de conocer en una montaña rusa que está a punto de darte vueltas y hacerte gritar de maneras poco elegantes (y quizá decir palabras que normalmente no usas) no parece la mejor manera de causar una buena primera impresión. Es un lugar demasiado vulnerable para la etapa inicial de conocerse.

En una relación amorosa nueva, lo ideal es aumentar poco a poco el nivel de vulnerabilidad. Es más como "bajar por los escalones para entrar a la piscina" que "lanzarse de golpe al fondo". Pero, sin duda, quieres que la vulnerabilidad sea un ingrediente clave en el momento adecuado.

Con la diversión pasa lo mismo. Divertirse de verdad, en el sentido más puro, requiere cierto nivel de vulnerabilidad. Porque la diversión nos invita a intentar cosas que nunca hemos hecho antes, a ser aficionados, a tomar riesgos… y todo eso nos hace vulnerables.

Si persigues la diversión y eliges abrazar la vulnerabilidad que viene con ella, el gozo llegará, porque serás conocido y amado.

Ser amado sin ser conocido da miedo, porque siempre estamos dudando si alguien nos dejaría o nos rechazaría "si supiera la verdad…". Nos preguntamos qué pasará cuando descubran las cosas realmente difíciles con las que lidiamos.

Ser conocido pero no amado es ese miedo profundo que todos enfrentamos: que lo que somos es demasiado, o muy poco, o no lo suficientemente bueno, o no es digno.

Pero ¿ser conocido Y amado? Eso sí que es divertido. Es divertido dar y recibir ese tipo de amor porque es como un pequeño vistazo al Edén. Es divertido cuando somos vulnerables con otros, porque entonces amamos como Dios ama. Ahora bien, no lo hacemos a la perfección. Tenemos que recordar que está bien ser aficionados en decir "lo siento" y "te perdono", como aprendimos en los días 19 y 20. Pero estar dispuestos a ser vulnerables nos lleva al gozo Y a la diversión de ser conocidos y amados.

PERSIGUE LA DIVERSIÓN

Escribe la relación o relaciones en las que te sientes más conocido y amado. Toma un momento para ser agradecido.

DÍA 93

LA DIVERSIÓN INVITA A LA CONEXIÓN

Me propondré agradecer todas las pequeñas cosas en mi vida.
Dolly Parton

Cuando me senté a cenar con el equipo de mi editorial, justo después de haber firmado el contrato para escribir *That Sounds Fun (Eso suena divertido)*, les dije: "Si este libro llega a la lista de los más vendidos del *New York Times*, ¡nos vamos a Dollywood!".* Y... alerta de *spoiler*: lo logró.

Así que, ¡fuimos!

Solo que no salió exactamente como yo lo había imaginado. Pensaba reunir a mi equipo de trabajo, al equipo editorial, y a algunos amigos y familiares para pasar un día divertido montándonos en los juegos y comiendo pan de canela en Dollywood. Tal vez unas veinte personas, máximo.

Y luego hablé del tema. A todos mis amigos. En Instagram y en el pódcast. Y TODOS decidieron venir (bueno, no todos LITERALMENTE, pero sí un par de miles. Fue lo más divertido, y todavía no lo supero hasta el día de hoy en que estoy escribiendo esto, varios meses después).

* Nota del editor: Dollywood es un parque temático ubicado en Pigeon Forge, Tennessee, fundado por la cantante Dolly Parton. Combina atracciones mecánicas, espectáculos en vivo y exhibiciones culturales de los Apalaches.

¿Quieres saber una de mis cosas favoritas de ese día? Varias personas compraron su entrada, hicieron el viaje, y llegaron a Dollywood solas. Me pareció muy valiente. Y me hizo latir el corazón con más fuerza, porque esas personas sabían lo mismo que yo también sabía: que los amigos que vendrían a esa celebración eran personas seguras, cálidas, divertidas y acogedoras. No iban a dejar que nadie se sintiera solo.

Y entonces lo vi suceder. Al final del día, durante un encuentro de bienvenida con los asistentes, conocí a varios grupos de personas que habían pasado todo el día juntos dando vueltas por Dollywood y pasándola increíble, aunque no se conocían antes de ese mismo día. Me encantó. Aún mejor: sigo recibiendo mensajes de ellos contándome que han mantenido el contacto. ¿¡Qué tan divertido es eso!?

Lo he visto con mis propios ojos. Cuando persigues la diversión, el gozo le sigue. Porque la diversión invita a la conexión. Y la conexión te recuerda que no estás solo.

Las experiencias compartidas, los recuerdos y las risas, los chistes internos y las historias... todos ellos crean una base increíble sobre la cual construir amistades y relaciones. Y cuando construyes sobre algo firme (como el gozo y la conexión), lo que estás creando perdura. Es una manera de reparar tu pequeño rincón del mundo. Es un modo de cultivar el Edén, aquí y ahora.

PERSIGUE LA DIVERSIÓN

Llama o envía un mensaje de texto a alguien con quien compartas un recuerdo divertido o un chiste interno estupendo. Comienza con: "¿Recuerdas cuando...?".

DÍA 94

LA DIVERSIÓN TE AYUDA A RECORDAR

Él sembró la eternidad en el corazón humano.
Eclesiastés 3:11 NTV

Es esa sensación justo después de reír tanto que te duele el estómago y tienes lágrimas corriendo por tu cara. Cuando recuperas el aliento y casi ni recuerdas qué fue lo que te causó tanta risa en primer lugar.

Es ese momento que te deja sin aliento cuando llegas a la cima de tu caminata y el valle se abre ante ti, extendiéndose por kilómetros y luciendo exactamente como imaginas que será el cielo.

Es cuando miras alrededor de la mesa en tu cena con amigos, o en el patio durante una discusión animada sobre la novela que acaban de leer en el club de lectura, y deseas poder capturar el momento en tu mente porque desearías que nunca termine.

Es cuando estás haciendo algo divertido y dices: "Esto es justo como cuando mi abuela y yo solíamos..." o "No me divertía tanto desde que era niño".

Es cuando simplemente no tienes palabras para describir lo que estás sintiendo. La diversión nos ayuda a recordar los tiempos sencillos y puros de nuestra vida. La paz de cuando todo era menos complicado y menos pesado. Y, por extraño que parezca, la diversión incluso nos ayuda a recordar un tiempo que aún no hemos vivido, pero que todos anhelamos.

El libro del Eclesiastés en el Antiguo Testamento nos dice que Dios puso la eternidad en nuestros corazones. La colocó dentro de nosotros. El anhelo por el Edén... ese paraíso de ser completamente *conocidos,* completamente *amados,* y completamente unidos *con* Él.

A veces cuando nos divertimos estamos experimentando la eternidad. Un anticipo de lo que un día nunca terminará. Cuando persigues la diversión y recuerdas, el gozo llegará, porque algún día eso que deseas que nunca termine realmente no terminará.

La diversión nos habla de la eternidad.

PERSIGUE LA DIVERSIÓN

Piensa en la última vez que tuviste una experiencia que no querías que terminara. ¿Qué fue lo que hizo que lo sintieras de esa manera?

DÍA 95

DONDE LA FE SE ENCUENTRA CON LA DIVERSIÓN

No estén tristes, pues el gozo del Señor es su fortaleza.
Nehemías 8:10

Si el gozo es la emoción y la diversión es la acción que nos lleva hasta allí, lo que la combinación de gozo y diversión construye en nosotros es fortaleza. No es la conclusión más lógica o evidente a la que uno llega cuando piensa en la diversión, pero está ahí mismo, en la Biblia: el gozo del Señor es nuestra fortaleza.

Ese versículo del libro de Nehemías aparece como parte de un mensaje dirigido a un grupo relativamente pequeño del pueblo de Dios que ha regresado del exilio para reconstruir el muro de Jerusalén. Están con el corazón roto, tanto por su ciudad como por su pecado, pero el predicador los anima a encontrar gozo porque pertenecen a Dios. Todo este momento es como un *crescendo* en el proceso de restauración que el Señor está produciendo en su historia y su ciudad.

Dios se dedica a la restauración. Y quiere restaurarte a ti. Quiere unir las partes de tu corazón que se rompieron a causa de decisiones equivocadas que tomaste, o que otros tomaron y que te han afectado de manera dolorosa. Quiere que tú, restaurado, seas parte de la restauración de quienes te rodean:

las personas que Él ha colocado específicamente en tu esfera de influencia y te ha confiado. Quiere restaurar tu iglesia, tu vecindario, tu escuela y tu ciudad.

Dios es un Dios de restauración. El Edén fue idea suya, y luego lo grabó en nuestros corazones y nos dio un anhelo profundo por la restauración y la plenitud que vienen de conocerlo y de experimentar el gozo que Él nos ofrece.

Vivir una vida que busca la restauración nos hace fuertes, para que podamos llevar gozo y esperanza a donde sea que vayamos. Y con los ojos y el corazón abiertos, podemos ver cómo Dios ha restaurado en el pasado lo que fortalece nuestra fe en el presente, y nos permite mirar hacia el futuro cubiertos de una esperanza llena de gozo.

PERSIGUE LA DIVERSIÓN

Escribe maneras en que has visto a Dios restaurar tu corazón, tus relaciones, tus circunstancias.

DÍA 96

INVITA A OTROS A TU DIVERSIÓN

Estuvimos juntos. Olvidé el resto.
Walt Whitman

Algunos días salen exactamente como los planeamos. Todas las casillas se marcan, y todo avanza y progresa como debe.

Otros días son todo lo contrario a lo que esperabas. Como si te cayera un rayo mientras ya estás con el agua hasta las rodillas en un charco y tu casa está en llamas.

Pero la mayoría de los días están en algún punto intermedio, ¿no es así? Algunas cosas van estupendamente, otras son difíciles, y la mayoría son simplemente normales, sin nada especialmente dramático. La magia de la diversión es que ilumina y eleva esos días comunes y corrientes.

Una vez, al final de un día que no había salido como yo esperaba, pero que igual tuvo algo de magia, mi amigo David dijo: "Casi cualquier cosa PUEDE ser divertida. Solo depende de nosotros".

Y yo le respondí: "Sí. Quiero tatuarme ESO".

Casi cualquier cosa puede ser divertida. Solo depende de nosotros.

No solo de mí, y no solo de ti. Depende de nosotros. Creo que ahí está el ingrediente secreto. El Edén no estaba completo solamente con Adán. Antes de la serpiente, antes del pecado, antes de que algo saliera mal, ya no era bueno que Adán estuviera solo.

La diversión es más divertida cuando no estamos solos en ella.

La vida es simplemente mejor "con" que "sin".

Y todo lo que se necesita de nuestra parte es extender la invitación. Levanta la vista de vez en cuando y pregúntate quién falta. ¿Quién disfrutaría este juego? ¿Y si ampliamos el grupo de cenas para que dos amigos más puedan unirse? ¿Con quién no he hecho una caminata últimamente? Lo peor que podría pasar es que digan que no. Pero te voy a contar un pequeño secreto: casi nadie dice no a una invitación personal a divertirse. Es algo demasiado sagrado. Tal vez haya que intentar coordinar horarios un par de veces, porque las agendas son una locura, ya lo sabemos, pero vale la pena insistir.

Todos queremos conexión, y es un regalo que todos podemos dar.

PERSIGUE LA DIVERSIÓN

Llama o envía correo o un DM a un amigo sobre verse pronto.

DÍA 97

COMPARTE TU DIVERSIÓN

Cuando una vez has visto el brillo de la felicidad en el rostro
de una persona amada, sabes que el ser humano no tiene
otra vocación que despertar esa luz en los rostros que lo rodean.
Albert Camus

Tú eres un líder. Puede que quieras discutir conmigo sobre esto, pero lo divertido de ser la autora de este pequeño devocional es que, aunque discutas, no puedo oírte. Tienes mis palabras para ti, pero si me estás gritando de vuelta, ¡no te escucho! Y aun así, sé que es verdad, así que aunque quieras resistirte, solo escúchame: tú eres un líder. Tienes influencia en la vida de alguien. Si tienes un seguidor en Instagram, si has dado a luz, adoptado, acogido, enseñado, amado o entrenado a un niño, si has liderado un grupo pequeño, si haces trabajo voluntario, si gestionas un equipo, si tienes un amigo... eres un líder.

Alguien te está observando, prestando atención, y aprendiendo de ti. Las decisiones que tomas tienen efectos en cadena en el mundo, y uno de esos efectos que puedes generar es compartir tu diversión.

¿Qué sucede cuando compartes tu diversión?

Recuerdas a los demás que la diversión importa. A veces, lo único que necesita un amigo para dar un paso hacia la diversión, el descanso y el gozo que tanto necesita, es un simple recordatorio de que eso es importante. Que merece tener tiempo y espacio en su vida para florecer de esa manera. Y muchas veces podemos recibir mejor ese mensaje cuando viene de alguien más que de nosotros mismos.

Inspiras nuevas ideas. Cuando compartes tu diversión, puede que estés mostrando algo que para ti es obvio, pero que para alguien que te sigue es completamente nuevo. Plantas semillas que echan raíces y crecen.

Invitas a la conexión. Una de las mejores maneras de compartir tu diversión es invitar a otros a participar en ella. ¿Hay un juego, actividad o pasatiempo que te parezca especialmente divertido? Al invitar a alguien más a unirse, creas conexión. Tal vez esa persona no decida convertirlo en su nueva afición pero, ¿quién sabe? ¡Quizá acabas de encontrar a tu nuevo compañero de dobles para el campeonato!

PERSIGUE LA DIVERSIÓN

Comparte hoy tu diversión. Sube al internet lo que te parece divertido (¡con las precauciones del caso!).

DÍA 98

NO JUZGUES TU PROPIA DIVERSIÓN

Presta mucha atención a tu propio trabajo, porque entonces obtendrás la satisfacción de haber hecho bien tu labor y no tendrás que compararte con nadie. Pues cada uno es responsable de su propia conducta.
Gálatas 6:4-5 NTV

Hay una diferencia entre tener juicio y juzgar.

Hace poco una amiga mía, que es una fotógrafa muy talentosa, me habló de cómo es su proceso para editar las fotos que toma. Me pareció fascinante. Hay un montón de pequeños juicios que tiene que hacer para decidir cómo quiere curar el aspecto y el resultado final que busca. Saturación, exposición, y otros términos técnicos que yo no conocía del todo, pero que más o menos entendí. Su buen juicio es parte de lo que la hace brillante en la fotografía y de lo que hace que le resulte tan divertido.

Lo que no está haciendo en esos momentos es juzgar su trabajo. No se está diciendo: "Esto está mal, tengo que cambiarlo". Y mucho menos se dice: "Soy una pésima fotógrafa porque esta foto necesita ser editada". ¿Ves la diferencia?

Tú puedes usar tu juicio para tomar decisiones sobre cómo pasar tu tiempo libre. Y te animo a que lo uses con sabiduría. Pero, como tu amiga y tu

Coach de Diversión (cada vez me gusta más ese título), tengo que protestar si estás juzgando tu diversión.

Te está permitido que te guste lo que te gusta. Te está permitido disfrutar lo que disfrutas. No tienes que justificarlo ni compararlo. ¡Puedes dar lo mejor de tu creatividad con lo que tienes!

Y cuando lo haces, llegas al centro de la pregunta: "¿Qué hace que mi corazón y el de quienes amo florezcan?". Porque ese es el objetivo aquí. Encontrar lo que hace florecer tu corazón. Puede que a veces parezca un trabajo duro, que huela a días largos y que te haga llorar o querer lanzar lejos tu teléfono. Pero si tu corazón florece, si el enemigo queda en silencio y no puede decirte que tu vida no importa, entonces sabrás que valen la pena incluso los pasos más pequeños hacia eso que tu intuición te dice que fuiste creado para hacer.

PERSIGUE LA DIVERSIÓN

Mírate en el espejo y di en voz alta: "Puedo disfrutar lo que me gusta. Lo que fui creado para hacer importa". Hazlo otra vez si te ayuda a creerlo y recordarlo.

DÍA 99

NO JUZGUES LA DIVERSIÓN DE OTRO

Si juzgas a las personas, no tienes tiempo para amarlas.
Madre Teresa

Hay algo que sucede entre muchos de mis amigos en el otoño del año. De alguna manera, sucede de manera gradual y de golpe al mismo tiempo. Apenas aparece la primera señal de una mañana fresca y crujiente, o incluso cuando una sola hoja comienza su metamorfosis de verde a naranja, comienza: la aparición del café con leche sabor calabaza en el ecosistema de mis redes sociales. Ya me conoces; yo soy más de chai, ¡así que soy inclusiva cuando se trata de bebidas calientes, cremosas y especiadas!

Lo que también parece llegar justo después es la queja de otros, aparentemente amargados y malhumorados por todo el calor del verano, que encuentran detestables las bebidas con sabor a calabaza. Se quejan de lo básico que es emocionarse por una bebida de temporada y luego lanzan estereotipos sobre bufandas, botas y suéteres enormes. Qué grosería.

Menciono esto porque no creo necesariamente que tu elección de especias en tu café tenga mucho que ver con la diversión (aunque tal vez sí, de alguna pequeña manera), pero SÍ creo que nuestra cultura se ha vuelto un poco demasiado rápida a la hora de criticar o juzgar lo que otras personas disfrutan.

Y esto es lo que quiero decir al respecto: hay espacio para todos. Cuando se trata de diversión, hay muchísimo lugar para que las personas tengan diferentes gustos, preferencias, e intereses. Que otra persona disfrute algo que a ti no te gusta no le quita valor ni mérito a lo que tú disfrutas. Simplemente no lo hace. Hay espacio para todos.

Así que, disfruta lo que te gusta. Y celebra el derecho de los demás a disfrutar lo que les gusta. Es mejor así. Cuando celebras lo que le gusta a otra persona, incluso podrías abrirte a un nuevo descubrimiento, a algo en lo que no habías pensado antes pero que en realidad podrías disfrutar mucho. ¿Por qué limitar las posibilidades de diversión por juzgarlas?

PERSIGUE LA DIVERSIÓN

Pregunta a alguien sobre lo que disfruta. Escucha su respuesta ¡y quizá haz una pregunta de seguimiento!

DÍA 100

¿QUÉ TE SUENA DIVERTIDO A TI?

El secreto de la felicidad no está en hacer lo que te gusta,
sino en que te guste lo que haces.
J. M. Barrie

Aquí, en este día 100, hay un par de cosas que sé sobre ti. Eres el tipo de persona que comienza algo y lo termina. Eres determinado, eres curioso, y eres DIVERTIDO. Estás dando pasos para convertirte en la persona que quieres ser, y eso me parece extraordinario.

Cuando persigues la diversión, la alegría le sigue. Y la alegría te hace fuerte. Y la fuerza te da el coraje para ser plenamente TÚ en el mundo. Que tú te presentes siendo tú mismo es exactamente el tipo de prosperidad que Dios tenía en mente en el Edén. Es el cielo manifestándose aquí en la tierra.

Y cuando compartes eso con los demás, los invitas a hacer ese mismo viaje. Así que aquí va mi próximo reto divertido para ti: piensa en a quién quieres animar a que también lea *Persigue la diversión*. Publícalo en redes, hazlo tu próxima lectura de grupo pequeño o de club de lectura. Como la tecnología hace el mundo más pequeño, pero nuestras plataformas más grandes, úsala para inspirar a otros a comenzar su propia búsqueda. Porque todos necesitamos descubrir o redescubrir las alegrías de ser aficionados, el poder de enamorarnos, y por qué los pasatiempos importan.

Hacer cualquier cosa durante cien días te cambia. Eres diferente de cuando abriste este libro por primera vez, y apuesto a que no solo se trata de la diversión. Espero que hayas hecho un poco de autoexamen, de recuerdos con intención, de conexiones profundas: todo eso que la diversión puede facilitar.

Porque hemos perseguido la diversión juntos. Estamos persiguiendo la diversión. Y lo que te suena divertido importa. Ve por ello, amigo.

PERSIGUE LA DIVERSIÓN

Toma una fotografía de la cubierta de este libro y de ti mismo haciendo algo divertido. ¡No olvides etiquetarme en @annifdowns e incluir los hashtags!

#Persigueladiversion #ChaseTheFunBook

RECONOCIMIENTOS

Cuanto más tiempo paso escribiendo libros, más aprendo que esto no es un deporte individual. Se necesitó de muchas personas dando lo mejor de sí en su área de experiencia para que hoy tengas este libro en tus manos. Estoy profundamente agradecida.

Gracias a mis compañeros de trabajo en Downs Books Inc. y That Sounds Fun Network por dar tanto de ustedes al trabajo que tenemos el privilegio de hacer. Trabajen con esfuerzo. Oren con fervor. Descansen profundamente. Jueguen con alegría.

KCH Entertainment, estoy muy agradecida por cómo invierten en todas las áreas de lo que hacemos. Me siento muy afortunada de que se interesen tanto por mí y por nuestro trabajo.

Ashley Warren, gracias por poner tus manos y tu corazón en este devocional conmigo. Andrea Doering y Amy Nemecek, gracias por tomar lo mejor que teníamos para ofrecer y mejorarlo todavía más.

Lisa Jackson, gracias por estar a mi lado en esta expresión de mi trabajo, creatividad y corazón. Me alegra que estemos haciendo esto por mucho tiempo. Y gracias a todo el equipo de Revell: nos estamos divirtiendo más de lo que merecemos.

Gracias a mis amigos, mi familia y a mis minimejores amigos por ser tanta alegría en mi vida. Puedo escribir sola porque paso mi vida con ustedes.

A ti, mi amigo lector, estoy más que agradecida: ya sea que hayas llegado aquí por libros anteriores, paradas en la gira, episodios del pódcast o publicaciones en redes sociales, tu amistad me permite seguir haciendo esto que amo profundamente. Desde el fondo de mi corazón, gracias.

A Jesús, me salvaste una vez, pero me rescatas todo el tiempo. Esta temporada de escritura ha sido una para este libro, pero también UNA PARA LA HISTORIA, y tu amistad constante ha sido aire para mis pulmones y esperanza para mi corazón. Espero ser conocida por perseguir la diversión y enseñar a otros a hacer lo mismo, pero sobre todo, espero ser conocida por perseguirte a ti.

Annie F. Downs es una autora de éxitos de ventas, conferencista muy solicitada, y exitosa presentadora de un pódcast con base en Nashville, Tennessee. Cautivadora y sincera, hace que lectores y oyentes por igual sientan que son amigos de toda la vida. Fundadora de That Sounds Fun Network, que incluye su programa insignia llamado acertadamente *Eso suena divertido,* y autora de varios libros éxitos de ventas como *Valentía en solo 100 días, Eso suena divertido* y *Remember God,* Annie es muy directa y no le intimidan los temas difíciles. Sin embargo, siempre termina regresando a la verdad de que Dios es bueno y que la vida es un regalo. Annie es fan incondicional de las risas con amigos, el confeti, el fútbol, y los cacahuates hervidos (preferiblemente de alguna gasolinera perdida de Georgia).

Lee más en **anniefdowns.com** y encuéntrala
(con una facilidad asombrosa)
por todo el internet en **@anniefdowns**.